保健室は今日も大にぎわい

思春期・からだの訴え・心の訴え

神奈川高校養護教諭サークル編 著

高文研

この本は、いま高校生のからだと心に起こっているさまざまの問題について、養護教諭が取り組んだ実践をまとめたものです。文中の人名および筆者名は、プライバシー保護のため、すべて仮名としました。

本書が思春期のからだと心を見る眼をたがやし、若い人たちの心身の健康を守り育てる上で、役立てられることを願っています。

神奈川高校養護教諭サークル

もくじ

第1章　座談会／心を病む生徒たちがふえているのは？　7

転勤して一変した保健室の光景／親と連携できないむずかしさ／家庭の崩壊、つらい思いが心の傷に／字が書けないと泣き出す生徒／「ちゃんとしなくては」という圧迫／価値観がいっしょのきつさ／担任を父親変わりに成長した生徒／養護教諭一人で抱え込まない／将来のイメージ像が描けないつらさ／相談できる精神科医がほしい／養護教諭からのぞむこと

第2章　はじめての保健室

✳養護教諭は私が選んだ仕事――田舎館　浩子　38

✳『はっちゃんの保健室』発行まで――栗原　さちえ　42

✳「愛の献血」への疑問が私の転機に――高橋　智子　46

✺ 一二年目の転勤、そこは別世界だった ―― 池川 修子 50

第3章 さまざまな悩みを抱えた生徒たち

✺ 恋愛を繰り返した崇の〝心の旅〟 ―― 小野 京子 56
✺「父の霊」が意味するもの ―― 島野 美千代 69
✺ 留年生・瀬川くんが飛び立つ日まで ―― 後藤 さとみ 73
✺ うちの親は本当にいい親なんです ―― もり ともこ 80
✺ 自分の飲酒問題を見つめ直し始めた生徒 ―― 金野 百合子 85

第4章 愛と性の現実

✺ 妊娠を繰り返すA子 ―― 中島 教子 96
✺ 出会い系サイトでの出会い ―― 幡山 恵子 105

✳在学したまま結婚・出産した生徒 ――池川 修子 109
✳保健部でオリジナル性教育ビデオを完成 ――福山 志織 114

第5章　心を病む生徒と向き合って

✳「神経性頻尿」の背景に何があったか ――高橋 智子 124
✳拒食症の綾子が訴えたかったことは ――宮地 しずか 128
✳成績トップクラス生徒の拒食 ――沢木 波子 138
✳拒食で逝った生徒のこと ――白川 まり子 144
✳父から性的虐待を受けていた生徒 ――梅里 喜代子 156

第6章　重い病気、きびしい家庭事情の中で

✳特発性拡張型心筋症で逝ったA男 ――金野 百合子 164

✳慢性腎不全で透析を続け卒業した生徒——佐藤　節子　178
✳家庭でも居場所のない生徒たち——植木　恭子　185
✳さまよう家族の中で——保田　恵子　193

第7章　保健委員たち、文化祭で頑張る！

✳転勤してはじめての学校で取り組んだ「食品添加物」——長島　理澄　200
✳「ゴミとリサイクル」を考える——永井　節子　207
✳総力上げ、今年のテーマは「ドリンク」——杉本　京子　211
あとがき　217

装丁＝商業デザインセンター・松田　礼一
章扉イラスト・はにゅうだ　ゆうこ

第1章

心を病む生徒たちが増えているのは？

出席者

＊小野　京子（神奈川・高校養護教諭）
＊中島　教子（神奈川・高校養護教諭）
＊佐藤　節子（神奈川・高校養護教諭）
＊保田　恵子（神奈川・高校養護教諭）
＊池田　信之（精神科医／緑神経科クリニック院長）
＊司会＝高文研編集部（金子さとみ）

◆年齢別受診者比の推移(表１)

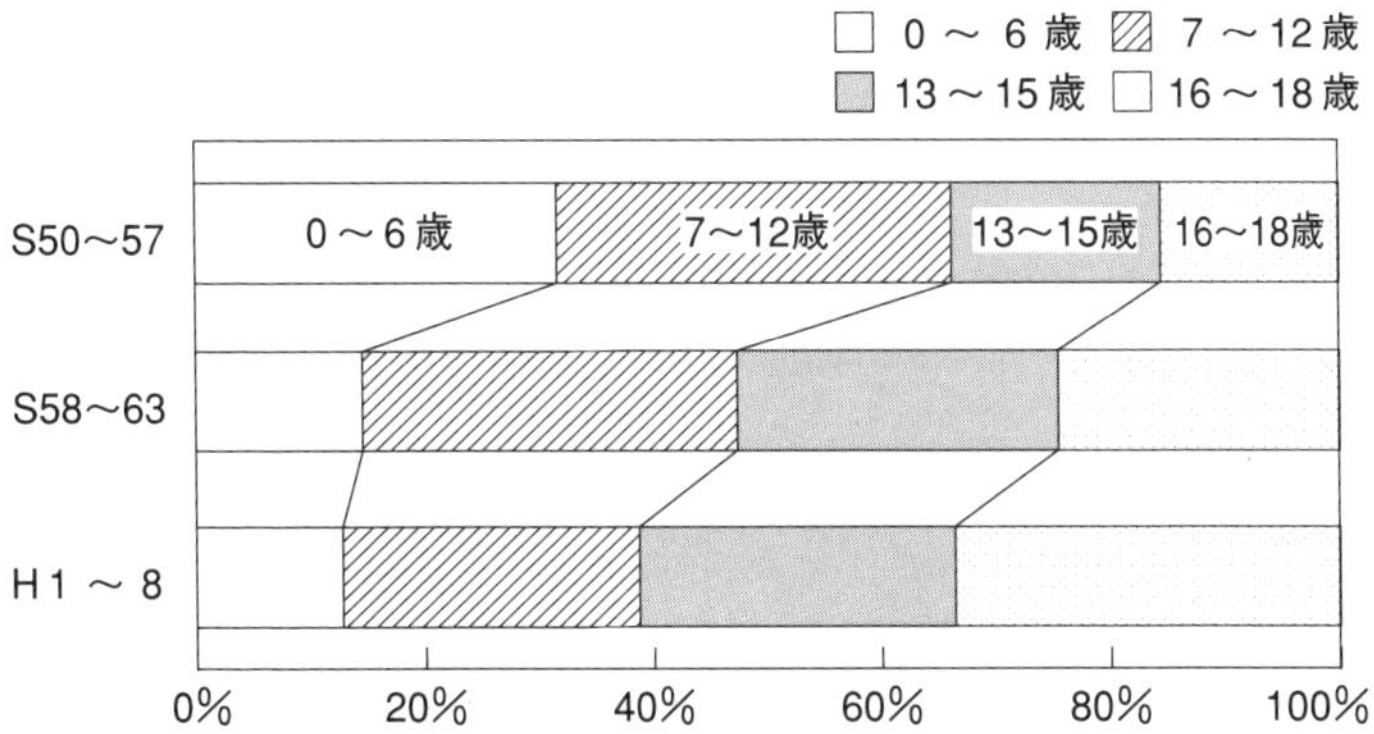

――今日はお忙しい中、わざわざお集まりいただきありがとうございます。実は、高文研では今から一八年前、高校の養護の先生たちの証言をまとめた『保健室からＳＯＳ』という本を出版しています。そこでは、「いま生徒たちの心と体に何が起きているのか」「その危機はどこから来ているのか」について、数々の事例をもとに論じ合っていただいたのですが、それから二〇年近い歳月を経て、改めていま、保健室はどうなっているのだろうかということがたいへん気になります。

というのは、最近、養護の先生たちから、心を病む生徒が非常に増えている、その病み方も、一昔前では考えられなかったような多様な症状が出てきているということを耳にするからです。

いま私の手元に、近畿大学医学部精神神経科の花田雅憲先生のレポート（第95回日本精神神経学会総会シンポジウム「学校の精神保健問題」）があります。それによりますと、同大学精神神経科外来の場合、訪れる子どもの患者がとりたてて近年、増加

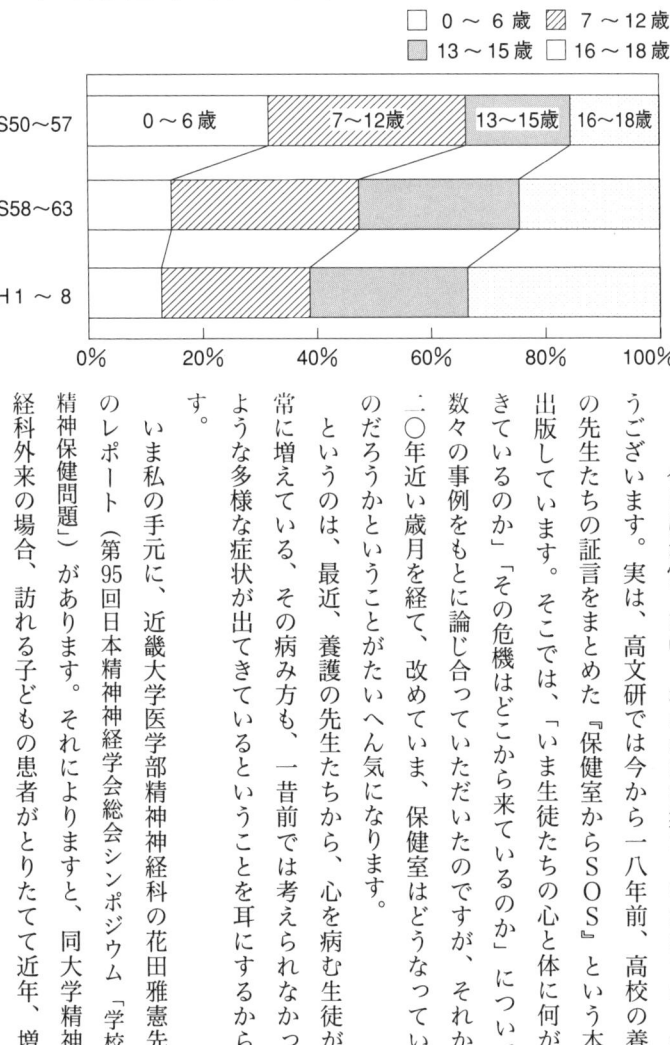

◇疾患比率の年次推移（表２）　「学校の精神保健問題」より

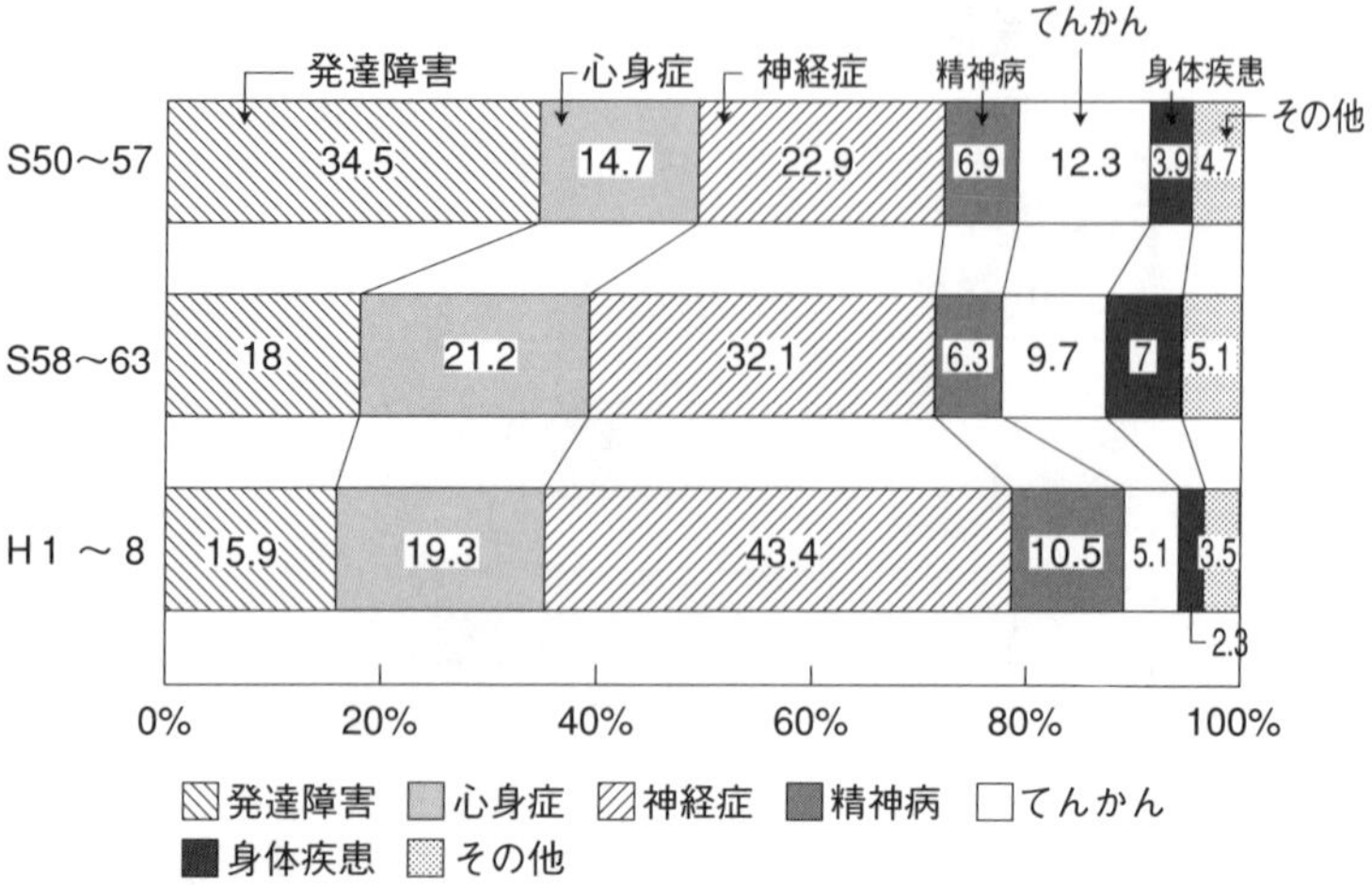

していると は言えないということですが、しかし、年齢別の内訳を見ると、「六歳未満の受診数が少なくなっている反面、13〜15歳の中学生群と、16〜18歳の高校生群とが増加している」（表1）。さらに疾患別に年次推移を見ると、「発達障害（精神遅滞、自閉症など）が減少、心身症（チック、吃音、夜尿など）はあまり変化が見られないが、神経症がかなりの数で増加、さらに平成に入ってからは、精神病が増加している」（表2）という結果が報告されています。

思春期の生徒が心を病む——その背景には、先行きの見えないこの時代、家族や社会のありようなども少なからず影を落としているのではないかという気がしてなりません。そこで、今日は、四人の養護の先生と、神奈川県内でクリニックを開業されていて、近隣の養護の先生たちも生徒のことで相談にのってもらったり、時に診療もお願いしているという精神科医の池田信之先生に加わっていただいて、主に高校生たちの「心の病」を中心テーマに語っていただこうと思います。保健室にどんな問題が持ち込まれるのか、それに養護の先生たちはどう対応されているのか、まず最初に、昨年まで課題集中校に勤務されていて、この春、転勤されたばかりという中島先生から口火を切っていただけたらと思います。

※転勤して一変した保健室の光景

中島　昨年までいた学校で、生徒が変わったなと感じたのは一九九五年、産休明けで学校に帰ってきた時でした。廊下で女の子が教師に向かって「てめー、何やってんだ、さわるんじゃねえ！」みたいな感じでわめいていたのがすごく印象に残っています。その頃から、教師が注意しても歯向かうわけでもなく無視する生徒、悪さをするわけでもなく、教室の隅に黙ってじっと座っている生徒、休み時間になると保健室に必ずやって来るんですが、来てもソファーの端っこに黙って座っているだけで何を話すわけでもない、そんな生徒が目に付くようになってきました。

全体としてもともと学力が高くない学校で、今みたいにＡＤＨＤ（注意欠陥多動性障害）とか、ＬＤ（学習障害）が教員の口にのぼらない時期から、明らかに自閉症の症状を持っていたり、右と左がわからなかったりする生徒が学年に何人かいました。

保健室に、お父さんがお酒を飲むと暴れると言って、殴られて傷をつくって来る子、あるいは全く親が面倒見てくれなくて一人で暮らしている子、さらにお母さんのアルコール（依存症）もありました。要するに、子どもが手をかけてもらってない。親御さん自身が朝起きて、ご飯を食べて、仕事に行くという生活をしていないことが多いんです。お母さんが夜いないとか、兄弟が多いから下の子の面倒を見なくてはいけない、そうすると家に帰りたくないから放課後遅くまで学校にいるとか。

でも、そういう子は学校ではごく普通の子なんです。教師は問題を起こす子の対応で手がいっぱいですから、そういった、問題は抱えているけれど、表に問題を出さないという子については学校でもほとんど手をかけてもらえずにいる。保健室は保健室で手がいっぱいですし、気になりながら、何もできないというジレンマが絶えずありましたね。

それで、今年転勤して、進学する生徒が多い今の学校に来たのですが、世界が全く違う。前任校の時は一週間に保健室に来る子が六百人いたんです。ところが今の学校はわずか一三〇人。訴えも全然違います。四割がケガ、あとは体調不良ですね。保健室は「具合が悪い時行く場所」という認識で、前任校のように「何となく」というケースはない。

教室に居づらかったり、精神的に不安定だったりする子は休み時間などには来ますが、授業が始まると「行きます」と言って出ていく。「ラク」というより、自分としてすごく不安なんです。これまでは「この子は何を求めているのか」というのがわりとわかりやすかった。でも今は、気にかかる子がいてもうまく子どもにつなげないというか、背景がはっきり見えないんです。転勤してまだ一年も経っていないので、仕方ないかなとは思っているのですが。

※親と連携できないむずかしさ

佐藤　うちはどちらかというと、中島先生の前任校に似たタイプの、学力的にきびしい学校なんです。で、今現在、一番困っているのは、会話が十分にできない子のことなんです。話すことは話すんですが、「帰りたい」くらいで、長いセンテンスを言わない。

その生徒が一年の頃から、授業中に格技場のサンドバッグが置いてあるところにもぐりこんで、ものを殴っていることがわかったんです。欠課が多くなるので、そこを閉めれば授業に出て来るだろうと、鍵をかけたんですね。そうしたら居場所がなくなって、二年になってからは学校の防火扉とか、シューズロッカーをガンガン殴るようになった。音がすると、「ああ、またあの子が叩いているんだ」と思って飛んで行くんですが、保健室に連れて来ると、おとなしくなって寝たりするんです。

それ以前にも、カッターで自分の指をえぐるという事件があって、本人は血をたらしたまま廊下をうろうろしていたんで、見つけた教員が保健室へ連れて来てくれた。えぐった傷なので、病院に連れて行ったら、看護婦さんが手首に三カ所も切ったところを見つけてくれました。

そういうことがあったものですから放っておけないというんで、お家に電話をして「話し合ってください」と伝えたんですが、親が動いてくれないんです。管理職も気にして、少しでも話を聞こうと、場を設けているんですが、本人は一言も口を利かない。親に電話を入れて家庭訪問したいと伝えても直前になって断ってくる。会いたくないというんです。それやこれやでなかなかものごとが先に進まない。

あともう一つ気になっているのは、強迫神経症の女の子です。家の中にいると、体が汚れると言って、朝からシャワーを浴びる。それも流しっ放しのシャワーでないといけない。家族の入った湯船には入れない。シャワーを浴びて、シャンプーして、体を洗って、いったん下まで行くんだけれど、また頭から汚れているような気がして、初めからやり直し、ひどい時は水道代が月六万円くらいかかってしまう。

それでお母さんも困って、精神科に行ったのですが、薬を飲み続けるのは体に良くないということで、気功に行ったり、催眠療法に連れて行ったりして医療を切ってしまいました。

彼女は今、放課後の部活にだけ来るんです。それも「練習試合があるよ」と言うと、すごく早い時間から準備して用意ができたら行く。「このルート」と決めて、そのルートで行かないと試合の会場に行けないんです。

あとリストカッティングもいますし、こうしたさまざまな事例に対して、教員も対応にとまどうことが多いのが現状です。神奈川ではスクールカウンセラーが一人九校かけ持ちでいるんですが、二回目に見えた時、「事例研究をやってみましょう」というので、最初に話した殴る子の事例を取り上げて、みんなで勉強したりということをやっています。

※家族の崩壊、つらい思いが心の傷に

保田　今の子どもたちを見ていて一番気になるのは、教室にいると息苦しくなってしまう、六時間ずっと教室にいられない、そういう子どもたちが増えているということです。連続して二週間教室に行けなかった子、一週間行けなかった子、一日のうち二〜三時間しか行けなくて抜けて来る子、それもみんな真面目な子どもたちです。そして必ずしも特定な教科の時間ではない。「先生、ちょっとこの時間だけ居させて」という感じで言ってくるんです。保健室を一時避難の場所にして、ようやく自分を保っている。そんな生徒はとても多いと思います。確か神奈川の養護教諭専門委員会でアンケートを取った時もそういう傾向でしたよね。

中島　そうです、そうです。全県で一一〇校から回答があったのですが、「一日中保健室に生徒がいる」という学校が全体の二割（五校に一校！）、「週の半分以上いる」という学校が三校に一校。「養護教諭として大変だと思う生徒は何人くらいいますか」という問いに、平均で七〜八人。内容的には摂食障害とか、解離性の人格障害とかがあがっていました。一つの学校で大変な生徒を何

人も抱えているという例もありましたし。

保田　そんなふうに、教室にいると圧迫感を覚えるという理由の中には、みんなの中からはみ出せないという緊張感を常に持っていて、少しでもはみ出たことをやると、仲間の中にいられない、そうした緊張感の中でバランスをとっていて、それがより自分を疲れさせているという気がします。

それと、子どもが悩んだり病んだりする時、たいてい、どこかで家族がからんでいることが多いと感じています。地区の会で話題になったことですが、義父からの、あるいは実父からの性暴力で家におれず、保護施設に入っている、家庭の事情で養護施設から来ている、里親のもとから来ている、そういう生徒が増えているといったことも出されましたね。

小学校の時などに息をひそめて両親の離婚や再婚を見つめるなど、長い間、つらい思いを心の奥に押し込めてきて、高校になって、心の病として表面化してきている場合もあります。

リストカットする生徒の一人ですが、母親がバリバリ働いていて、義父が収入のアンバランスを感じていて、何かあるとイライラを子どもにぶつける。そのストレスや脅えやらで、子どもが自分の腕を切るんです。

また、母親が家を出た後、摂食障害になった女生徒もいます。父親に彼女のつらさをよく説明し、本や「家族の会」のビデオなども渡すんですが、頭で理解していても本人を目の前にすると罵倒してしまう。本人も受診を中断したりで、なかなか快方に向かわない。卒業後も電話や手紙でかかわりを続けています。

近ごろは、家族も病んでいたり、問題がより複雑になっていてなかなか回復に向かわない。そのために問題が長期化することもあるんです。

深いところで両親に強い怒りを持っているのに家庭では出せない。学校でだけ、何回も「切れる」という生徒もいます。主治医の話では、彼にとっては家族はすごく壊れた状態で、これ以上自分が何かやったら徹底して壊れてしまう。そのため、家族の問題に無意識にふたをしてしまっている――そういう説明を受けました。学校は起こした行動の振り返りはさせるのですが、できるだけ子どもの気持ちを大切にして押さえ込まないので、学校が一番（感情を）出しやすい場なんでしょうね。「居場所がない、居場所がない」とよく口にしたのですが、こうした行動でＳＯＳを発していると思いました。

※字が書けないと泣き出す生徒

小野　私は今の学校に来たのが一〇年前なんですが、その頃に比べると、心を病む生徒の数も増え、症状も多様になっているという気がします。地区の会でも同じ意見が出ています。摂食障害、やせ症、過食症、自傷、ヒステリー、神経症、この他、異性恐怖、過呼吸など、病気というよりも現状にうまく適応できないことが原因の症状が増えているように思います。

疲れるとしばらく意識がはっきりしなくなるという生徒がいます。もちろん病院にはかかっていて、出てくると、まず朝一、二時間保健室にいて、それから教室に行くパターンなんです。ある時、その生徒が一〇時頃学校に来て、「自動車にひかれました」と言うんで、「その車はどうしたの？」と聞いたら、「逃げたんで、自転車で駅まで追いかけて行った」って言う。「車のスピードと自転車のスピードはずいぶん違うけど」と言ったら、「先生、あそこは一本道だから大丈夫なんだ」と、稚拙な虚言もある。

ちょっと前のことですが、字が書けない、字が見えないと訴えて来る生徒がいました。彼女は保健室に来たとたん、涙が溢れて、そのうち部屋中に響くような大声で泣き出す。その声がものすごい！　保健室の脇の部屋に連れて行くんですが、保健室で他の生徒と話ができないほどの大声なんです。「今日、授業中、全然字が書けなかった」と言うんで、「じゃ、教科担当の先生に資料をお願いに行こうか」と言うと、素直に私のあとをついてくる。事情を聞いた先生が「そんなに大変だったら、ノートは取らなくていいよ。プリントにしよう」と言ってくれたとたん、今まで溢れんばかりに出ていた涙がピタッととまる。この、字が書けないというのも、受験に直接関係ない科目は大丈夫なんです。英、数、国といった五教科に関して症状が出てしまう。そういう生徒が週に三回くらいやってきます。

もう一人、この生徒は学力的にやや低いということがあって、そのことで自己評価が低い、いつもコンプレックスを持っている子なんですね。体育祭にクラスで共同作業をやろうとしたんだけれど、男子が手伝ってくれない。私にばっかりやらせると言って、ものすごい声を出して急に泣き出した。通りかかった先生が驚いて、「保健室に連れて行ってあげなさい」と言われたと言って、生徒が連れて来てくれたんですが、その泣き声が本当にすごくて、ギャーッ！というような感じなんです。目立ったり、自分の気持ちが見えないように用心深くふるまう生徒が増えている反面、そういう激しい感情の表し方をする生徒もいます。

もう一つ気になるのは、置かれている状況の変化を認められない生徒のことです。お父さんが突然、リストラに遭う。経済的に家が不安定になってくる。今までクラスの中で普通に話していたのに、習い事も続けられなくなりそうだ、アルバイトをしないといけないのだけれど、そういう事情を友だちに言うことができない。そのことが重荷になって泣いてくる。

ある生徒は、お母さんがリストラに遭い、精神を病んだんですね。で、ある日、娘を出してくれと言って、突然学校に電話をかけてきた。保健室の電話に出たんですが、ふだん静かな生徒なのに電話口でものすごい口調で母親をなじった。そのあと、「この電話のことを知ってるのはどの先生と、どの先生なのか！」とパニック状態なんです。「知ってるのは私だけ」と言ったら、「絶対言わないでよ！　恥ずかしい」と何回も言いました。特に友だちに知られたくないんですね。

今の生徒は、そういうことに対して弱さをもっている。いざという時、本音を話す友達がいるようでいない。私たち教員もそういったことにより敏感になっていないといけないないなという気がしています。

――中島先生の今の学校は、小野先生の学校と同じく、進学する生徒が中心だと思いますが、不登校とか、過呼吸とか、心を病むといった問題はないんですか？

中島　いっぱいいますよ！　しょっちゅう倒れます、過呼吸起こして。体育の授業でもバタバタ倒れますし。体力がなくて倒れるのではなくて、どうもあの子たちはギリギリまで頑張って、自分の体力の限界を越えちゃうんですね。今日は寝不足だからセイブしようというようなことができない。

で、先ほどもちょっと話しましたが、転勤してビックリしたのは、まず健康診断で休まない、保健室には必ずノックして入って来るし（何て礼儀正しいんだろう！）、休み時間にしか来ない、自分で具合が悪いと「寝かせてください」と言う。そんな中で、摂食障害の男の子が最初に保健室に来た時、「僕はお世話になると思いますので、よろしくお願いします」と言うんです。前任校ではそんなことはとても考えられなかった。だから、保健室に来て訴えをする子には、ちょっとヒントを返してやれば、自分で考えることができるんです。

それと、きちんと医療機関に行っているんですね。担任から何人か「この子は不登校です」という報告を聞いているんですが、その子たちとはコンタクトがとれない。

今つかんでいるのは、摂食障害、過呼吸、強迫神経症、心身症とは言えないけれど、ずっとお薬を飲みながら登校はしていて、空き時間とか休み時間に保健室に来ているという子たちで、男の子が多いですね。

小野　摂食障害で思い出しましたが、体重を気にする生徒は多いですね。毎日体重測定に来る生徒ですが、まず椅子にすわってルーズソックスを脱いで、上着とバーバリーのえり巻きも取る。ポケットに入っているケータイ、サイフ、ティッシュペーパーも出して、ゆっくりと測定。「うー、四〇グラム増えた！」（笑）

※「ちゃんとしなくては」という圧迫

――一通り四人の先生たちから状況報告をいただいたのですが、やはり想像を絶する状況というか、事例が多様になっていることがよくわかりますし、それだけに養護の先生たちはじめ、学校の大変さもよくわかったのですが、一方、池田先生は臨床の現場で、また違う角度から思春期の問題と向き合っておられるわけで、その立場から、いま心を病む若者たちの現状をどのように見ておられるか、お話しいただけたらと思います。

池田　まず受診の形から言いますと、私のクリニックなどには生徒が単独で来るケースが増えていますね。これは、神経科の敷居が低くなったのか、関心が広くなったということなのかわかりませんが。それも、しっかりと自覚症状を自分で分析してやってくる。印象としては女性が六、男性が四、女性の方が多い感じです。中には、どこか自分がおかしいのでは、と不安を訴えて来る人もいます。内面の変化を感じているが、どうしたらいいのかわからない、先生たちがおっしゃるように心を病む子の数は確実に増えていると思います。

あと今、先生たちがあげられた中で、受診する生徒がどれくらいいるのか、ということが非常に気になります。保田先生があげられた中に、「家庭では（怒りを）出せず、学校でだけ何回も切れる」という報告がありましたが、僕らはその逆、学校では目立たない子が家で大暴れしている、いわゆる家庭内暴力をしているというケースと接する方が多いですね。

僕の診療所は入院施設のない、駅前の小さなクリニックなんですが、そういう所に来る高校生というのはどちらかと言うと、アンバランスな内面（の問題）を抱えているケースが多い。彼らが学校でどうかというと、あまり問題は出さない、従って教師にはそういう子の問題は見えないわけですね。

分裂病という思春期の代表的な病気があります。そういう人たちの中学・高校時代はどうかというと、多くは目立たない生徒だった。派手で目立つ子の方に先生たちの目がいくと思うんですが、高校時代を過ぎた次のステージで発病した人たちを振り返ってみると、学生時代は目立たない子、おとなしい子が圧倒的に多いと思います。
強迫性障害の生徒は非常に多いです。自分の体の臭いが気になる、鼻の形が気になる、というのが古典的ですが、文化の影響でしょうか、最近は朝シャンプーをして髪型がきっちりきまったかどうかとか、ケータイのメールがちゃんと届いたのかといったことを執拗に気にする症状の子を体験しました。「ちゃんとしていなくては」という、社会からの無言の圧迫なんでしょうね。

――教室にいると圧迫感を感じて、長い時間いられないという話もありましたが。

保田　うちの学校でみる限り、そういう訴えをするのは勉強のわからない子たちではない、むしろできる子たちなんですよ。人の気持ちもよくわかる子たちです。「自分で自分にガンバレ」と言ってきたという生徒もいて、真面目な部分できちんとやらなければいけないと葛藤して苦しんでいるように見えます。保健室で「フー」と大きなタメ息をついたりしています。

池田　例えば、ちゃんとできれば満足、ちゃんとできていなければ失格、といった単純な二者択一的心理というか、これは窮屈な心のありようですね。教科書中心主義の学校、教育のありようが背後に見えます。「期待される人間像」というプレッシャーが今でもあるのでしょう。

※価値観がいっしょのきつさ

――「窮屈」という面では、今の高校は学力的にも均質ですから、小野先生のお話にあったように、いったん家庭の事情などで自分の境遇が変わっていくと、とたんにつらくなるというのはわかる気がしますが。

小野　価値観がみんないっしょのきつさですよね。中学から高校に来るとき、ほとんど変わらない成績の者が入ってくる。当然、卒業後の進路もそんなに変わるわけではない。缶詰の缶のまま、また次の缶に移っていく。見ていて、いかにも窮屈そうで…。そういう圧縮された中で家庭事情などが変わってくると、バランスを崩していく。今まで仲良かったのに、いっしょに遊びに行けない、つき合いができない。でも事情は隠しているわけですから、どんどん虚言なども出てくる。手が震えるだとか、教室に入るのがいやだとか。それらを受け入れられるぐらいは成長してほしいと思うんですが。

佐藤　うちの学校なんかですと、中学時代リーダーの経験がない子が圧倒的なんです。そのため、何かあった時、声をかけてあげたり、気を利かせて動いてあげたりということがなかなかできない。で、クラスに居づらくなると、すぐ保健室にくる、そういうようなことではないかと思うんです。中で、誰か一人でも気を利かせて支えてあげたら、その子も、「ああ、支えてもらってるんだ」という安心感で、もう少し楽になれるんじゃないかと思うんですが。今、保健室に来ている男の子は「あの子とつき合っていたのにうまくいかなくなっていやだ。席替えになったら近くになってますます居づらい」そんな感じになるんですよね。

グループ同士でも、あんなにマメにケータイで連絡を取っているのに、実は関わりがない。ただ連絡を取って、話をして、それで安心している、それだけなんです。

池田　学校が〝緊張の場〟になってほしくないですね。病気を育ててしまうかもしれない。誰もが自由な考えを持って、さまざまな価値観があって、お互いに認め合う。自由があれば、つまり、一様な価値観の殻から飛び出せれば、不必要な緊張は消えるでしょう。ならば発病率も低くなるのでは、と個人的に考えています。

それにしても、今先生方のお話を聞いて思ったんですが、子どもたちの訴えをこんなにていねいに聞いてあげる先生たちがいる、「いい学校だなあ」というのが、僕の第一の感想です。これだけ、一人の生徒さんについて、症例を検討されて、把握している養護の先生がいる学校というのは少ない。先生方は大変だと思いますが、これが間違いなく第一段階の治療の場になっていると思いますね。

※担任を父親代わりに成長した生徒

保田　生徒はあっけらかんとしているんですよ。ある時も「先生、誰にも言わないでよ！　私、この間、精神科に行ったんだ！」「エッ、どうしたの？」「うん、ここ切るんだ！」。そう言って、腕を見せてくれるんです。この子は仲良しの子が強迫神経症で、以前いっしょに保健室について来たことがあって、その時、私が「お医者さんに診てもらうとかなり楽になるんじゃないかな」と言ったのを側で聞いていたんです。でもその時は、まさかその子がリストカットをしているとは知らなかった。そういう点では、先ほど中島さんが話されたように、親がきちんと病院に行かせるような子はあまり養護教諭と接点がない。知らないままでいると思うんです。

ただうちなんかの生徒はなかなか親が対応してくれない。気がかりな子については、保護者に来てもらうようにしているんですが、一人親家庭で、お父さんなり、お母さんなりが夜遅くまで仕事をされていると、なかなか日中、学校に来てもらえない。それで担任といっしょに休日に面談の場をつくることもあるんですが、それでもなかなか医療の段階までいかない。経済的に大変とわかる時は、無料で診てくれる公的機関を紹介したりするんですが、そういう所もたくさんはありませんし…。やはりお金の問題も大きいですね。

中島　親が動いてくれないときついですよね。前任校での話なんですが、よく泣いて来る女の子がいて、彼女は中学の時、お父さんを亡くし、お母さんは夜の仕事をされていて、家には弟と妹がいるんです。お母さんに男の人がいるということもあって、彼女は自分だけが疎外されていると思っている。落ち着いている時は賢い子なんで、話もちゃんと通じるんですが、時々不安定になって、三歳児みたいになって泣く。

ある時、またそういう症状が出て、騒いで窓ガラスを割ったりということがあったんで、学年で話して、このまま帰すのは不安だと、お母さんに来てもらったんです。ところが、そのお母さんが入ってくるなり、「学校に迷惑かけるんなら、やめてしまえ！」って怒鳴るんですよ。

それで、親に託すのは無理だと、児童相談所に相談したんですが、そこでも直接子どもに関わってくれることは無理で、二年生になって、とても面倒見のいい、父親イメージの担任に受け持ってもらうことになった。そうしたら、その先生にべったりくっついて、担任はまいっちゃうような状態だったんですが、でもその子のために必ず一日一時間だけ特別の時間を持つようにしてくれた。そうしたら、半年くらいで落ち着いてきたんです。でもその担任は疲れて、翌年転勤したんですが（笑）。

で、三年生になって、担任は代わったんですが、ちゃんと卒業していきました。そんなふうに、上手に依存する相手が見つかったりするといいんですが、なかなかそういかないケースが多いですよね。

池田　大変なケースでしたね。想像してみましょう。A君がいて、家に帰ると父親はアルコールづけ、母親は無関心をあらわに。A君は自分の親のどこをみて自分のものにするのか？　吸収するものがないという状況は、息が詰まるものと思います。でも、A君は学校のクラブの先輩を尊敬している。「先輩のようになりたい」——これがあればA君は先輩から何かを〝吸収して〟自分のものにしていく。成長する原動力になるのではないでしょうか。

※養護教諭一人で抱え込まない

小野　学校でできるだけ多くの人間が接することが大事だと思うんですよ。かつてはこういう生徒が出た時、担任が一人で抱えることが多くて、どういうようにその子と接したらいいのかを話し合う機会がなかったと思うんです。しかし近頃はちょっとでも様子がおかしいと思う生徒がいたら、学年で話し合う。保健部などでも、「泣いて来る子がいるので、仮に私がいない時でも、その子が来たら保健室をあけてやってください」と話し合われている。

ですから今、うちの学校では自傷の子も含めて、どんな生徒がいて、来た時はどんな対応をしたらいいのかということがかなり共通化されています。ときどき、池田先生からお電話をいただいたりすると、それも全部、学年や保健部で話し合いをして、「先生からの指導ですが、何か共感できるところを見つけて話しかけてやってください」「わかった！　いいところを見つけてほめりゃいいんだな、ほめりゃ」（笑）なんていう会話を交わす時もあります。

時に虚言の生徒などを抱えると、熱心な担任は生徒がいろんなことを言ってくるのについ一所懸命になりすぎて、振り回されることもあります。そういう時のために保健室には専門書を置いてありますから、「先生、こういう本がありますから」と、本を渡します。そういったことも含めて、症例ごとに遠慮なく先生方に話ができるということが大事ではないかと思います。

保田　情報の共有化は大事ですよね。教師がそれぞれに把握していることを交換しながら、集団で生徒を支援するシステムがつくれるといいですね。スクールカウンセラーも、九校に一人などという兼務ではなく、時間の拡大を望みたいものです。

――情報の共有化という点で、中島先生のところはどうなんですか？

中島　うちは三年間クラス替えがなくて、担任も三年間持ち上がりなんです。先生方の席も準備室ごとなんで、職員室に人がいないんですよ。だからどこに行って、誰と話していいかわからない。この間、成績会議があったんですが、そこに名前が挙がった生徒の中に知らない子の名前がポロポロ。今までは成績会議に挙がるような子は必ず知ってたんですが。ですから、情報の共有化というのは切実ですね。ただ、最近は先生方の意識も徐々に変わってきていて、一〇年前、二〇年前の生徒とは違うんだというのがありますので、これから変わっていくと思いますし、変えなくちゃいけないと思っています。

小野　一人で大変な生徒を抱えるのは本当にシンドイんですよ。ですから私の場合、できるだけ保健部の会議に出します。学年もそれと同じレベルで知っている。連携がとれていると先生方も楽だと思うんです。この間は、毎日午後から出て来る男の子と、自傷の女の子がいっしょになったことがあって、処置の仕方も知っておいてもらいたいので、保健部の先生に来てもらったんです。その先生はあとから、「あの傷を見てご飯を食べられなくなった」と言っていました（笑）。

もう、すごい切り方ですからね、床にポトポト血が落ちるくらい…。

池田　口がパッと開いてね、「見せなさい、見せるのも大事だから」。見ると、パックリ口を開けている。何でこんなことをするのかというのは、話し出すと長いんですが、先ほど中島さんが「体力の限界がわからずにバタバタ倒れる」という話をされましたね。それで僕は摂食障害と自傷行為を思い出したんです。今の子どもたちは、こうすれば疲れるとか、このくらいやれば倒れるとか、そういった体の感じ方を覚えていないんじゃないか。皮膚が傷つけば痛い、切るところを間違えたら大出血する、そういう医学的な常識、体に対する感覚というものがなくなっている。今の子どもたちが、もし、こういった基本的な健康感を失っているとしたら大きな問題です。学校教育と医療の現場とが深く関係性をつくらないと、困難なケースの子どもたちを救えないし、治せない。重大な課題がここにあるといっていいでしょう。

※将来のイメージ像が描けないつらさ

――先生は、自傷の子を前にした時など、どこから治療を始めていくんですか?

池田　原因は最初からわからないですよ。とにかくいろんなことがあっての結果、傷つけるんですから。結果が不健康なわけですから、そこから「これでいいの?」という形でつき合っていきます。その後「どうして自分を傷つけるの?」「もしかしたら自分を値引きしてるんじゃないの?」

「自分の価値を低くしてるんじゃないの？」と、いろいろバラまいていって、刺激を与える。ある子は、「自分自身を好きになれないんじゃないの？」と言ったら泣き出しました。どこかで引っかかりますね。そうすると、そこがその人の中核じゃないかと。最初から原因探しをやっても、場合によっては治療者の自己満足かもしれない。原因はむしろわからない。結果として切ってしまう。結果として泣いてしまう。結果として遅刻してしまう。私はどちらかというと、結果としての「生徒の生きざま」を詳しく探る方で、原因探しは後回しにする方です。若者が持っている健全なエネルギーを、自傷などに使わせないで別の方向に持っていかなければ！

もちろん、親の離婚の傷とか、原因があまりにもはっきりしている場合は、その原因をいっしょに話し合います。わかっているのにそこをつかないというのは、「この先生は私のこと、何もわかってない」ということになりますから。

保田　話は変わりますが、いまは高校生もたいへんな就職難ですよね。私は自分の学校の生徒を見ていて、将来に希望が持てないとか、これからどうなっていくんだという不安、そういうものを無意識のうちに心のどこかに抱いていて、そういったことも心を病む要因の一つになっているのではないかという気がしてならないんですが…。

池田　私がクリニックに来る学生さんたちに「一〇年後どうなっていると思う？」と質問すると、一〇人中九人は「わからない」と言いますね。高校時代というのはいわば心理的にも肉体的にも脱皮の時代です。その脱皮には勇気もいる。ところが、せっかく脱皮してもそのあとに期待が持てない、脱皮後の自分のイメージが描けない、さらに、脱皮したところでたかだかこうじゃないかという社会。それくらいなら脱皮なんかしないで、未熟のままいる方がいいじゃないか、そういう心理的な規制というか、無意識の作用が今の若者たちに働いても不思議ではないでしょうね。

子どもが将来に対するイメージ像を描けない、夢を持たせるような雰囲気をこの社会に見出せない、それは、社会からの圧迫であって、そういった目に見えない社会からの縛りは当然あるんじゃないかと思います。

※相談できる精神科医がほしい

——冒頭に紹介したレポート「学校の精神保健問題」の中に、いま学校精神保健上の問題が増加してきていることから、一、二二八校の小・中・高校、特殊学校の養護の先生を対象に「精神科医が嘱託医などとして、学校に継続的に関わりを持つべきか」というアンケートを取った結果が載っています。それによると、高校では82%が「関わる方がよい」と答えているのですが、これについてどうですか?

小野　養護教諭の立場からいうと、校医さんに精神科医がほしいんですよ。保健室に来る生徒の対応では、整形外科と精神科が一番多いんです。

保田　両方とも緊急性を要しますからね。

池田　先月でしたか、小野先生が自傷の生徒をタクシーで連れて来てくれましたよね。あの対応は素晴らしいと思いました。我々の言葉で言うと、「ピンチはチャンス」なんですよ。その人が一番危ない時に一番治療に入りやすい。「切りたい！」という押さえきれない衝動、でも必ずどこかで誰かに助けてほしいと思っているわけで、その瞬間をとらえて連れて来てくれたのは本当にありがたかった。勇気のあることだと思いました。

小野　しかし連れて行くまでにとても時間がかかるんですよ。なかなか本人は病院に行こうとしない。それで、彼女とはずっと半年間くらいやりとりをしていて、もちろんお母さんとも連絡がとれているんですが、「今度大きく切った時は学校の処置ではすみませんよ」、そういう会話を何回も何回も繰り返していた。で、その日ものすごい切り方をしてきたんで、「よし、もうわかったね！　行こうよ！」ということで、本人からお母さんに電話を入れさせ、了解をもらって、池田先生のところにタクシーをとばしたわけです。

そういう説得は一回だけではとても無理、プロセスが必要ですよね。そして、本当に緊急を要するんですよ。パッと電話を入れて、飛んで行ける。校医さんでなくて、嘱託医という形でもいい、相談を持ち込める精神科医がほしいですよね。

保田　直接子どもを見ていただくだけでなく、まず私たち教員が相談したいんですよ。これだけいろんな事例が出てくると、どう対応していいか、私たち自身が判断の難しいことも多くあります。必要に迫られて、月一回、平日の夜、数人の養護教諭で精神科ドクターとの勉強会をしたりしています。

※養護教諭からのぞむこと

佐藤　症状に苦しみながら登校する生徒も増えているんですが、こういう生徒は成績も振るわず遅刻や欠席日数も増えて、進級や卒業が危ぶまれることが多いんです。「休学にして治療に専念させた方がいいんじゃないか」「進路変更をすすめた方が本人も楽になるのでは」などの意見も出て、会議でもめることも多いのです。何でもOKとはいきませんが、一般的にこういう問題はどう考えたらいいのでしょうか？　そのたびに悩みます。例えば近頃多い、朝しっかりお風呂に入らないと家を出られない生徒はどうしても一時間目の授業の欠課が多く、問題になるんです。

池田　若者たちの治療の中で必ず直面するのが今、佐藤先生の指摘されたことです。一般的な説明は正直、困難だと思います。私たち治療者の多くは病気を治すと同時に、病気を抱えた人の〝生活の質〟というものも考えます。治療が進んで、症状が軽快したのに、留年が決定した。これで病を抱えた若者の生活は一変します。「学校をやめる」という人も出ます。何と返事をしたらいいか、複雑な想いになってしまいます。実際は進級を考慮するが、卒業は配慮できないなど、学校によってケースバイケースだと思います。病を抱えた若者が病気になったことを悲観しないように、堂々と生きていけるように、関係者全員が考えるべきなのでしょう。

――長時間、貴重なお話をありがとうございました。最後に、養護教諭として、これだけは言っておきたいということがあればひと言ずつお願いします。

保田　先ほど小野さんから同時間帯に自傷の子と教室に入れない子が来たという話がありましたが、神奈川県の高校の場合、保健室が一教室だけで健康相談室がないんです。それで、統廃合の時がチャンスと思って、何十校か一斉に、図面付きで相談室の設置を要求したんですが、ほとんどの学校で却下されてしまいました。予算がないというのが理由なんですが、保健室に併設した相談室はどうしてもほしい。保健室のそばに半教室分、東京都などでは二教室ある学校もありましたし、防音壁で仕切りをしているところもありました。子どもたちが安心して悩みを話せるスペースはぜひほしいと思います。

中島　早く養護教諭の複数配置になってほしいですね。緊急時の対応や受け皿が広がるということもありますが、子どもの健康課題をしっかりとらえて支援するためには、養護教諭の複数の目による判断や取り組みが必要だと思います。

佐藤　昨年二学期の校内教育相談研修会でスクールカウンセラーの方といっしょにグループ・[注]

エンカウンターとロールプレイングをしました。職員の反応として、「楽しかった」「もっと話を聞いてほしくなった」という声がありました。こういった経験を生徒に持ち帰ってもらい、予防的なカウンセリングに生かせてもらえたらと考えています。

［注］ホンネを表現し合い、それを互いに認め合う体験。この体験が、自分や他者への気づきを深めさせ、人とともに生きる喜びや、自らが力強く歩む勇気をもたらす。

第2章 はじめての保健室

※養護教諭は私が選んだ仕事　※『はっちゃんの保健室』発行まで

※「愛の献血」への疑問が私の転機に　※一二年目の転勤、そこは別世界だった

1 養護教諭は私が選んだ仕事

❖神奈川／高校養護教諭
田舎館　浩子

私がはじめて養護教諭になろうと思ったのは、高校二年生の一七歳の時だった。理由はきわめて簡単で、当時、私が通っていた高校のある先生が、朝早くから夕方遅くまでソフトボール部の顧問としてノックをしたり、生徒たちと校庭を走り回っている姿を見て、私は養護教諭となり、部活を終えたその先生に保健室で心暖まる一杯のお茶を入れてあげたいと思ったのだった。

しかし、英語の教員になるという夢も捨てきれず、大学は結局、外国語学部を選び、その後は教員にこそならなかったが、社会教育の現場で大人の人たちを対象に八年間、講座の企画・運営の仕事をしていた。

ところが、社会教育の仕事はやりがいがあり、楽しいのにもかかわらず、私の心の中に、一七歳の時に思った「養護教諭になりたい」という想いが年々強くなっていった。「なぜ私は養護教諭になりたいと思っているのだろうか」――自分なりに出した結論は、以下のものだった。
①私はやはり人の心をなごませたり、元気づけたりする仕事がしたいということ。
②自分がケガをしたり、病気になった時の経験から、人が一番心細い時にそばにいてあげられる人間になりたいと思ったこと。
③悲しい時に、私自身が求めた人は優しく自分を包んでくれる人であった。だから、私自身が、自分が求めたような人間になりたいと思ったこと。
④一生、勉強し続けていく必要のある奥の深い仕事をしたいし、それによって私自身も豊かになっていきたいと思ったこと。
⑤自分の考えで、ある程度つくり上げていくことが可能な保健室という仕事場を持ち、人間同士の触れ合いが可能な仕事をしていきたいと思ったこと。
そして、一〇年以上も心のどこかで養護教諭になりたいと思っているなら、ダメでもともと、一度は挑戦してみようと思い、養護教諭の資格がとれる学校を受験し、昨年三月卒業、四月から県立高校で養護教諭としての第一歩が始まったというわけである。

ところが、いざ養護教諭になってみて、はじめて自分の考えの甘さが身にしみた。実力がないのははじめからわかっていたものの、経験もない、学校の知識も何もなかった私にとって、この一年はとにかく見ること聞くことすべて新しいという、いい意味ではきわめて新鮮、無我夢中の一年だった。

　はじめて四月に保健室に入り、「さあ、明日からの準備だ」と思って薬品棚を見ると、薬品がほとんどない。マキロンが容器に一センチくらい残っているだけで、「これでどうしたらいいのだろう」と思ったら涙が出てきた。四月に学校に行けば、「薬はあるもの」と思っていた私にとって、薬品を購入するところからの第一歩。「マキロンが届くまで、どうかケガが起こりませんように」と、本気で願ってしまった。（注・あとになって、前任の先生が準備してくださっていたことに気づいた。当時は、それもわからないほど、自分に余裕がなかったのです）

　その後、健康診断、体育祭、球技大会、修学旅行、文化祭、マラソン大会…と、行事は続き、部活がらみのケガも多く、一日に二回、救急車を呼んだ日もあった。柔道で首から落ちた生徒や、肩を脱臼した生徒、バレーボールで靭帯を切り、動けなくなった生徒が担架で保健室に運び込まれるたびにドキドキのしどおしだった。

　しかし、外科的なことより、内科的なことや、いじめ、不安神経症、仮面うつ病、妊娠中絶、家庭内暴力、不登校、人間関係の相談に対して、悩むことも多かった。生徒に「誰にも言わないで」と言われた時、本当に誰にも言わなくていいのだろうかという不安と、自分の対応の未熟さを感じる日々は今も続いている。

　それで養護教諭部会などに行った時、先輩の先生方からアドバイスをいただいたり、新採用の他の二人の仲間たちに電話をかけて相談し合いながら何とか日々の仕事をこなしているというのが実感である。しかし、部会でお会いする先輩方を見ていると、どんなに大変でも養護教諭とは、私が思っていた以上に素晴らしい職業なのではないかと思えてくることがある。私が今悩んでいることなど、過去にみんな経験されていて、イキイキと仕事をされている姿が美しいからである。そして養護教諭をしていたら、精神的にも鍛えられ、強く、それでいて優しくなれそうな嬉しい予感も最近はすこしずつしている。

先はまだまだ長い。しかし、養護教諭は長年の夢、そして自分で選んだ道。一歩一歩歩んでいこうと思っている。

（一九九五年記）

2

『はっちゃんの保健室』発行まで

❖神奈川／高校養護教諭
栗原　さちえ

やっとの思いで採用試験に受かり、「いざ、私の学校！　いざ、私の保健室へ！」と勇んで行った校長面接。話を聞くうちに、どんどん気分が重くなり、帰り道は「こんな大変な学校でやっていけるのだろうか？」という不安にかられ、新聞の隅に書いてあった〝田舎体験で気分爽快〟というお嫁さん募集ツアーが輝いて見えたほどでした。

このように、どんよりした気分からのスタート。けれど四月は来室者も少なく、「なんだ、意外とおとなしいなー」などと窓の外を眺める余裕もありましたが、それは大きな間違いだったということが、五月になるとすぐに明らかになりました。さぼり、いじめ、無気力など、学校生活に適応できず、不定愁訴を訴え、来室する生徒で保健室が満員のエレベーターの一室のようになり、身動きがとれない状態になっていったのでした。

　また、もう一つ、私を悩ませたのは「臨職」です。放課後、ほっと一息ついていたら、「これから、臨職を行ないますので、会議室にお集まりください」という放送が入り、「何？　臨食？　臨時の食事会？」などとまぬけなことを考え、行ってみると、そこは生徒指導の会議の場。次の日も、また次の日も臨時職員会議のオンパレードで「いったい、いつ私は仕事ができるんだ～！」と一人叫び狂っていました（家で）。

　こんな私でしたが、保健環境美化部の先生や非常勤で来てくださった養護教諭の先生の助けで、なんとか健康診断などの保健行事が終了したという一学期でした。この頃は、生徒を受け入れる前に、授業に戻さなければということが先行し、そのことに専念すればするほど、生徒たちは居すわるという状態が続いていたので、生徒の足音が廊下から聞こえてくると、「また誰か来るな。はぁ～」とため息をつき、うなだれているという状態でした。

　だんだんと、生徒の家庭環境や生活状態がわかってきて、その子なりに頑張って生きているんだということが感じられるようになってきてからは、生徒の訴えを素直に聴くことができるようになってきました。針鼠のようにとげとげして誰も寄せつけない雰囲気の子と少しずつだけど、打ちとけることができたり、妙につっぱっていて人の話も聞かず、つい「むかつくなー」などと心の中で思っていたりする子が、二人きりになると、いろんなことを話してくれたりと、生徒の心のドアがパタンと開く音が聴けるようになってきました。

職員室とは、遠く離れていて行き交う人も少ない保健室。誰でも気軽に入れるように、入口のドアをあけっぱなしにしておきますが、こう寒いと、それもできず保健室が密室状態に!!
「中で何がおこっているのか?」考えて眠れない人がいると心苦しいので保健室の様子を少しお伝えしたいと思います。

はっちゃんの保健室

ほけんしつ人間模様 ㊙

〜Aくん Sくんと保健室〜

3年生のAくん Sくんにとって保健室は、たばこ部屋のようなものである。イライラしたとき、休みたいとき、(もちろん具合の悪いときもあるが…)やってきては、しゃべりまくる。

保健室には、"Aくんの引きだし"という知る人ぞ知る机の引きだしがある。そこには、今まで彼がうけてきたあらゆるテストの答案がお行儀よく並べられている。私は、彼がもってくるテストの答案を見せてもらうたびに「う〜ん、すごいね◌点もとれて!!」と褒め称えている。「これは、たいしたことね〜よ。」と言いながら目が◡◡ニコニコしているAくんだが、ちょっとしたことでも、褒められるということは、人間うれしいことなんだなぁ—ととてもよく実感できる瞬間である。

Sくんは熱が高いと誇らしげに私に見せてくるかわいいやつである。あるとき「おまえ37.2℃しかないの。オレなんて37.4℃よ。それなら授業うけれるよ。大丈夫。」と言って、保健室で休養しようとしている自分の姿を忘れて、他の生徒を授業に戻そうと努めている彼に呆れるものを通りこして、力強さを感じてしまう私であった・・・・。

こんなAくん・Sくんだが、今では私が疲れていると、冗談を言ったり、「頑張れよ。」などと労わりの言葉をかけてくれるまでに成長しているのであった。

保健室来室者状況　(9月〜11月)

		内科			外科		
		男子	女子	合計	男子	女子	合計
9月	1年	43	83	126	8	1	9
	2年	31	64	95	4	3	7
	3年	43	31	74	5	3	8
10月	1年	54	94	148	14	4	18
	2年	31	63	98	2	3	5
	3年	31	27	58	12	2	14
11月	1年	29	74	103	2	2	4
	2年	13	41	54	8	0	8
	3年	26	9	35	2	3	5

☆保健室利用カードに記入した者の延べ人数です。

ある日の会話から・・・

1年生のSくんが「学校をやめることにしたよ。」と保健室に挨拶にきてくれました。

「次の休み時間にみんなに会ってから帰りたいのでそれまで保健室にいさせて。」と言うので、ちょうど他に来室者もいなかったため、二人で長椅子に坐り、話をすることにしました。やめるということですっきりしたのでしょうか?いろんな話をしてくれました。

Ⓢ「オレも保育園の頃は、かわいかったぜ!今でも保育園で習った歌うたえるもん。」

㊥「私は、おしっこもらしたことと、冬になると保温ジャーで、アルミの弁当箱をあたためてもらい、それをおいしそうに食べている自分しか覚えていないよ。Sくんかしこいねー。」

Ⓢ「オレはダメよ。家族中でオレだけバカなんだ。だから中学のときは、オレだけ弁当作ってもらえなくて、夕飯もないときもあった。家に帰るのがいやになり、何十日も友達のとこ泊まり歩いていた。ある日、どうしようもなくて母ちゃんボコボコになぐっちゃったよ。」

㊥「なぐったとき、どんな気持ちだったの?」↗

今、二年目になり、生徒たちの顔と名前もばっちり覚え(!?)、よりコミュニケーションがとりやすくなってきました。しかし、生徒のことで、担任等に相談しても、いつの間にか私を通り越して、学年や生徒指導部が動きだしていたということもあり、職員集団への働きかけも必要だと感じるようになりました。新採用で不安の塊のような私は、うまく生徒のことを伝えることもできず、またまわりのベテランの先生方は仲間と感じるには恐れ多く、上司というような堅苦しさもないけれど、何か話しづらいというように感じていたため、自分から壁をつくり、なかなか職員の輪の中に入っていけず、共通理解がとれずにいました。そんなときにあった新採用研修は息抜きでもあり、相談の場でもありました。

少し余裕ができた今、私がどんな想いで生徒と交流しているのか、どんな話を保健室でしているのか知ってもらおうと、「冬の保健だより」の職員バージョン『はっちゃんの保健室』(旧姓は服部／右ページ参照)を書いてみました。忙しい中、多くの職員の方が読んでくださり、「保健室も大変だね」「おもしろかったよ」などと感想を言ってくれました。

残念だったことは、翌日から冬休みに入り、「保健だより」をきっかけに話が展開できなかったことです。そしてこれからは、「気ばかり使わず、頭を使って」多くの研修を重ね、堂々と意見が言えるような養護教諭になり、生徒だけでなく、先生がたにも身近な保健室をつくっていきたいと思います。

❸「愛の献血」への疑問が私の転機に

❖神奈川／高校養護教諭　高橋　智子

一九八一年六月土曜の午後、K工業高校に数名の養護教諭の先生方が集まった。新採用の私は、なぜ自分がそこにいたのか、何を学習したのか全く覚えていない〝お客様〟だった。「生徒」を「子ども」と言って慈しみ、生き生きと子どもの健康について語る養護教諭サークルの先生たちが不思議に思えた記憶が、机上のがくあじさいの花とともにある。

自分は養護教諭に向いていないなと、ずっと思っていた。「サークル？」—さしたる約束や予定があったわけではないけど、週末まで仕事の延長みたいなこととしてたら自分が可哀想に思えてしまい、なるべく失礼することにしていた。Week endはお楽しみ袋、何か？のために空けておきたかった。生意気な二〇代独身の複雑な心理、だから若い人を誘うのは今でも下手。

職場の高校生たちは、不健康そうな顔色にきつい化粧をして、虫歯だらけの口からタバコと消臭スプレーのまざった匂いで一日中私につきまとった。朝から「だるい」「気持ち悪い」を聞いていると、自分まで気分が悪くなりそうだった。アルバイトと夜遊びのつけを保健室に持ってこられてもそんなの自業自得、「私に寄りかからないで！」と、叫びたい気持ちを呑み込んで、私は苦しくなっていた。この仕事を辞めて何をして働こうかと考える、宙ぶらりんな気持ちのまま養護教諭でいる日々を送っていた。

　生徒に対し、こんなふうにしか思えない私だったけれど、「卒業献血」が行なわれようとした時には、何かおかしいと感じた。体調不良を訴えて来室する生徒があとを絶たない学校なのに、そんな高校生たちから採血するなんて実態に合わない！　なぜこんな話が唐突に持ち上がるのか、理解に苦しんだ。「福祉」の研究指定校を受けていたことに端を発して、持ち上がった話であるらしかった。

　たとえ「愛の献血」であっても、生徒個人の成長発達に寄与するわけではなく、「献血するしないは自由」と言っても友達関係に影響されないはずがない高校生たちである。担任教師が先導して並ばせる集団[注]献血の教育って何だろう？　気分不良者が出た時に備えるなんて、「銃後の守り」みたいな仕事ではなく、養護教諭として「ＮＯ！」と言おう。「善意・愛」のスローガンを、生徒の健康問題の視点でとらえ直すのが私の仕事ではないか——そう自覚した決定的な出来事だった。

　でもどう取り組んだらいいのかわからない。情けない気持ちを抱えてＫ高に向かった。Ｋ高では大先輩の岡本先生が資料を集めて私を待っていてくれた。「一人ではない」と思えた。分掌会議、学年会――議論を巻き起こすための資料と論点を得て、鎧を着けたような勇ましさ（？）で、一歩も引かないぞという気迫は相当なものだった（つもりである）。

＊

養護教諭サークルが本当に私のために必要になったのは育児休業から復帰してからである。学校と家庭と保育園しかない生活では養護教諭としての専門性が枯渇していくような気がした。健康教育の専門誌を読んだりもしたが、活字を通して得る知識よりサークルに集まっていろいろな意見や実態を出しながら学ぶ方が私には心強く思えた。さまざまな見方に出合うことで生徒の見方も変わった。あの風貌や生活習慣はともかく、なぜそうなっていったのか、その子を取りまく家庭や社会のありようが見えてくることで一五～一六歳の高校生に、自分の生活を変えることがどれほど困難な状況かということも理解できるようになった。

私も同じ境遇におかれていたら、彼らと同じような生き方をしていたかもしれない。私も彼らも同じ時代を生きている一人として、社会の深いところでつながっていると思った。「つながりのある大切な存在」――うまくいえないけど、そんな感じがしている。

養護教諭の仕事を好きになるのに一〇年かかってしまったが、その年月は私の中で意味を持って今日につながっている。教育の問題がさまざまに噴出している今日、社会のありように警鐘を鳴らし、身を呈して訴えている子どもを深くとらえる力を自分につけたいと思う。これといって打つ手が見つけられない時でも、せめて子どもと苦しみを共にできる近さにいたい。「一人ではない」ことを伝えるために。

〔注〕「高校生の集団献血について」の研究協議会（平成二～四年）報告。『神奈川県立高等学校における献血のあり方について』（平成四年八月）。「これからは高校生が献血の意義をきちんと理解する中で、社会奉仕の精神や自分の健康について考え、生涯を通じて献血に協力するという意識を持てるよう、息の長い献血思想の普及啓発を図ることが重要である」とされたことを受けて、学校保健課（当時）との間で「学校では高校生段階での具体的な献血行為を推進するものではなく、将来社会人となったとき献血に理解を示す人になってもらうことを促すものとし献血思想の普及と啓発について推進する」ことが合意された。

4

一二年目の転勤、そこは別世界だった

❖神奈川／高校養護教諭　池川　修子

新採用から同一校に勤務すること一一年。それも一応地区でトップの進学校。長くいるから仕事はとりあえずスムーズにいく。言いたいことも大きな顔をして言える。こんな楽な環境が人間にいいわけない。一〇年目から異動希望を出して、二度目で転勤がかなった。ぬるま湯にどっぷりと浸かっていたから、新任校で果してやっていけるのだろうか。不安と、マンネリ化したところから脱出できるといううれしさと半々の気持ちを抱えてとにかく行ってみるしかなかった。

一緒に着任したのは四人。「こんな〝辺境〟へようこそ来てくださいました」。そんな冗談とともに、新しい同僚は私たちを暖かく迎えてくれた。数日たって「疲れてませんか」「保健室、大変でしょう」。前任校では言われたことのなかった、そんな些細な同僚からの話しかけが心を和ませてくれた。とにかく職員が仲がいい（後で、やらなければいけないことで忙しくて喧嘩をしている暇もないんだと聞いた）。協力体制もできていて、すべてみんなでやろうという姿勢が徹底しているように見えた。実際、健康診断の時も管理保健部の他の職員の協力のおかげで、私は生徒の対応だけに集中できる。

またこの時期、非常勤の養護教諭と複数だったのが大きかった。昨年もお願いしていた方だそうで、それまでのやりかたを熟知していた。書き残されたものだけでは、右往左往していたことだろう。前任者には頭の下がる思いだった。「五年いたけど、これ以上いるのは学校のためにならないと思うの」と言った彼女に比べて、私は学校（あるいは後任者）のことをそこまで考えて仕事をしていただろうか、大いに反省させられた。

生徒の様子は当然のことながらがらりと違う。子どもによっては椅子をけ倒したり、暴言を吐いたりする。「このアマ、やられてぇのか」とわめき、机をドカンと蹴飛ばされた時には返す言葉がなかった。

四、五、六月、三カ月間の来室者の合計は記録だけで八〇〇名。実際は少なくともこの三、四倍は来ている。授業中五、六人という集団での利用が多く、休み時間もぐるりと周りを取り囲まれて順番に話を聞く状態。頭痛、腹痛を訴えるが、実はさまざまな悩みや心に抱えているものが多く、とにかく話を聞いてもらいたいという子がぞろぞろやって来る。多い日は一日百人近く。片親または両親が再婚の子が多く、学力も低く、中学以前からおそらく誰からも、真剣に話を聞いてもらったり、受けとめられたりしたことがあまりないのであろう。他の子の邪魔にさえならなければいいと、別室に隔離されて「喫煙でもなんでも好きなことをしていろ」と中学時代放り出されていた子も多いと聞く。

そういった子たちへの対応で、一学期はトイレへ行く暇もなかった。食欲がなくなり（もっとも昼食をゆっくり食べる時間などあろうはずがない）、夜も熟睡できず、半年足らずでずいぶん痩せた。多数の生徒と接するたびに、なんだか自分の身が削られていくような感覚を味わった。この頃よく、保健室の隅っこから生徒がうじゃうじゃ涌くように出て来る夢を見た。いま思えば笑ってしまうが。

来室者があまり多いと、病気や怪我に対して適切な処置のみして、とにかく早く教室に戻すことを第一としてやってしまう。いわゆる「生徒をさばく」というやり方だ。ぶらりと来室する生徒を目にした瞬間から、どうやってこの生徒を追い出すかを考えていた。本当にゆとりをなくしていたんだなと思う。

学期が進むにつれ、顔を出していた常連さんたちは授業の出席時数が足りなくなり、または、学校以外に進んでいく進路を見つけ、次々と退学していった。だから三学期の今は保健室は比較的静かだ。

これまで中退者という言葉に悲劇的なイメージを持っていたが、そうとも限らない。「何とか続けさせられなかったのかな」と残念に思うことはたびたびあるが、「美容師になったら、先生、一〇歳は若くみせてやるよ」と、案外前向きでたくましい生徒も多い。世間はそう甘くないと言われそうだが、そういったことを明るい表情で語る彼らを見るのがせめてもの救いだ。

「トリマーになるのが夢」と言っていたかおりは、三年の一一月まで来て授業時数が足りなくなって退学した。二学期のはじめからクラスの生徒に、「シカト」や聞こえよがしの悪口といったいじめを受け、教室に行けなくなったのだ。一カ月近い長期欠席の後、保健室へ来てしばらくいて、教室へ行かないまま帰宅するということを数日続けた。はじめはなかなか教室に行かない理由を話さなかったが、話しているうちに「教室に行くのが恐い」と、化粧した顔を涙でグシャグシャにして泣いた。

担任と三人で話し合ったが、本人がどうしても自分でなんとかするから、教師に介入して欲しくない、親にも言わないでくれというので、具体的な手だてはあまりできなかった。第三者が入って来ると、彼女たちの仲がよけいにこじれるという。が、いじめている側の生徒も保健室によく来る子だったので、かおりが悩んでいることと、卒業が危ない状況をそれとなく話して、態度を変えられないか働きかける、それくらいの消極的なことしかできなかった。

双方が保健室でかち合い、お互いに無視し合う気まずい雰囲気になることもあった。一学期まではとても仲がよく、いつも一緒に行動していたのに、些細なことで仲たがいするとかえってたちが悪い。今さら他のグループにも入れないという。

そのうちに、かおりは一時間も欠席できないところまで追い込まれ、保健室から授業に出かけ、休み時間になるとまた保健室に飛んでもどって来るようになった。そしてまた「行って来るね」と意を決したように授業へ出ては戻って来る。私から担任に、「いじめが原因なのだから、別室登校などをさせて授業時数として認めてもらえないだろうか」とたずねたが、「そうするには、すべてを公にしなければならない。本人がそれを頑として拒んでいるのだから、お手上げだ」との答えだった。

一一月のある日、外せない用事で一日年休をとって保健室を閉めた。かおりはトイレで喫煙しているところを職員に見つかり自宅謹慎となった。行き場を閉ざしてしまったとやりきれない思いにかられたが、退学を決めたかおりは迷いから解放されてさばさばした様子だった。「小さいときからなりたかったトリマーになる。わたしがんばるから」と明るく話していった。

前任校でやっていた学級指導のようなことはなかなか出来そうにないが、保健室で生徒一人ひとりに対する個別指導がここでは大切なことがわかった。「先生、話を聞いてくれてありがとう」。今まで生徒からの素直な「ありがとう」はほとんど言われたことがなかったが、ここに来てからよく言われる。生徒たちの言動にびっくり仰天の連続だった一年目が終わろうとしている。まだまだ取り組むべき問題は山積しているが、一歩ずつ進んでいこうと思う。

第3章
さまざまな悩みを抱えた生徒たち

※恋愛を繰り返した崇の〝心の旅〟　※「父の霊」が意味するもの
※留年生・瀬川くんが飛び立つ日まで　※うちの親は本当にいい親なんです
※自分の飲酒問題を見つめ直し始めた生徒

5 恋愛を繰り返した崇の〝心の旅〟

❖神奈川／高校養護教諭　小野　京子

生徒の恋愛相談はおかしさと悲しさ、そして時にはせっぱつまった危機感がある。崇が保健室に来てからの三年間は、彼の恋愛と別れの繰り返し、そんな崇の「心の旅」につき合ってきた。何か起こるかも知れないとメモをとっていたが、直接保健室でなければならない大変な問題はなかった。だから何をしたわけでもない。しかし日常的には、崇のような生徒の方が多いのかもしれない。一例を記録のままに綴ってみたい。

❏崇という生徒

崇は一年の時からスイミングスクールに所属、週六日を東京のスクールに通う生徒であった。常時疲れており、学習が追いつかず遅刻も多かった。授業の途中で登校し、疲れた表情で入ってきたのが最初である。そんな崇に恋人ができた。一学期も終わりの頃で、同じ学年の美加という生徒である。うれしそうに写真を持ってきて「すげー、かわいいんだよ」と言う。そのうち「ほらー」と見せてくれたのは、二人の伊豆旅行の写真であった。「親は知っているの、どうやって家を出たの？」と聞きたい質問をぐっと飲み込んで、「ふーん」とうなるばかりであった。「楽しかったよ」と、今までの崇からは想像できないほど、声も表情も明るかった。

それから一年七カ月あまり、校内ではいつも二人であった。修学旅行には崇が試合で行けないというと、美加も取りやめた。いつも二人という関係は学校中が認めるところであった。

崇は授業について行けない、転校したい、練習で腰痛も治らない、母親とケンカした、クラスのみんながむかつくと、さまざまな理由を持って現れた。保健室に来る時はなぜかいつも一人で、美加は来なかった。

担任は修学旅行に行かないこと、学校行事はほとんど休み、授業中はいくら注意しても机の上にうつ伏せて寝てしまう崇に困り、父母面談も何回か繰り返していた。両親は、子どもの好きなことはできるだけさせたいという思いは強いが、崇のふてくされた態度と、学校の間に立って、険悪な状態が続いていた。しかし、今、途中でスイミングスクールを辞めたり、他の学校に転校することは崇を挫折させる、何とか二年生に進級できればと願っていた。

スクールでは見込みのない者・練習態度によって、容赦なくチームを辞めさせるという厳しさがある。同期の者が辞めていく中で、崇は頑張っているのである。そんな彼のことを何とか応援しようという教師も少なくないのだから、授業中二〇分だけでも顔を上げられないかと話してみるが、涙をためて「無理だ、目がふさがってしまうんだよ。もういいよ、辞めるから」と言う。迎えに来た担任と私で、力まかせに剥そうとしても、保健室の診察台にしがみついて授業に出ないこともあった。少し態度を変えれば、教科の先生たちの印象も変わると思うこともあったが、本人はいっさい説明はしない、同情されたくないと堅い。そして放課後になると、「行ってくる」と保健室に顔を出し、四時の電車に間に合うように坂を下って行く。帰りは夜中の一二時近い。崇は成績会議の常連でもあったが、出席が足りていることや、美加の励まし、テスト前の指導、ノートを借りてコピーするなど全面的な学習援助、教師たちの暖かさと寛大さで、二～三年と何とか進級できた。進級が決まった日は、「ちちち」と明るい表情で保健室に現れた。「辞める」「辞める」と何回も言ったが、本当は進級したかったのである。

❏突然別れを告げられた美加

三年に進級した四月下旬、美加が目にいっぱい涙をためて保健室に来た。三時間も奥の部屋に置いたが、涙は後から後から溢れて止まらない。突然、崇から別れのメールが入ったという。理由は、美加がバイト先で知り合った男性と気安く話をしたことが原因だという。自分も悪いと思うが、崇の態度も納得できない。崇は教室で誰かと話しているだけで、ごみ箱や椅子を蹴り、怒りを露わにしたこともある。気に喰わないことがあるとすぐに別れようと脅し、怖くていつもおびえていたという。保健室では見せない崇の一面であった。

その後も、美加は崇のことを忘れられないと、毎日のように泣いてくる。同じ学年だけでなく、二年生の生徒も「美加先輩、可愛そう…」。三年の男子生徒は、泣きながら教室に帰る美加の後ろ姿を見て、「美加さん、大変だね」と心から心配する。「話しかけてあげて」と頼むと、「えっ、声かけてもいいの」と驚く。それほど美加は憔悴し、いつも目元を泣きはらしていた。

崇は美加とぶつからないように来て「美加、もう良くなった？」と、時には美加のことを心配して聞くこともあった。私は特に崇にはなぜ別れたかとか、美加の状況はどうとか、いっさい立ち入らなかった。崇が説明しないことが、崇の考えでもあると思ったからだ。別れることも、二人にとって意味があるとも思えた。美加は崇の苛立ちや寂しさ、授業についていけないコンプレックスに目を向け（無理矢理向けさせられ）、さまざまな援助をすることで自己実現をしているような、共依存の関係ができているようにも感じた。

❑崇の新しい恋人

美加が保健室で毎日のように泣いていた五月、崇に同じ学年の幸という恋人ができた。美加のことを相談しているうちにつき合うようになったのである。校内で崇と幸の関係はすぐに知れ渡り、女子生徒は幸に対してあからさまに冷ややかな目を向けた。そのことがよけいに二人を孤立させ、いつも二人になり、校内を手をつないで歩く、廊下ではいつもくっついている、ということになり、美加を悲しませた。

美加は「死にたい」と言うこともあり、心配になって、保健部の会議に報告、教員間で注意して観察することなどを申し合わせた。三年生の学年主任でもある三木先生は、幸を呼んで「相手のことも考えろ」と注意したと言う。

崇が昼休み、すごい剣幕で現れた。「あの教師は許せない！　文句があったら俺に言うべきだ。幸が『何で自分が先生から怒られないといけないのか』と泣いてるよ」と言う。

「先生方も美加さんの落ち込みが平常ではないので、心配で仕方なかったのよ」。その場は治まったが、険悪な雰囲気が残り、心配な日が続いた。

一方、幸も時どき保健室に来て、周囲の目の厳しさを訴え、泣くことがあった。幸が近づくと、それとなく避けたり、通り過ぎると、ひそひそ頭を寄せて自分のことを噂している。たしかに、保健室に来る同学年の生徒たちの様子からもそれは感じられた。

「あまり気にしなくても、そのうち噂は風化するものではないか。ただ、周囲の状況を意識してツッパッてつき合うよりも、自然な方がいいかな」と間接的に意見を述べた。感の鋭い幸は、「私もそう思うんですけど、崇は平気だよと言って、朝もわざとたくさん生徒が通る道路を選ぶんです。自分もこそこそはいけないと思うし…」。

崇の言いそうなことだと思う。あまり二人の関係に深入りする必要はない、時間が解決すると思った。また幸は、アルバイトを一年の時から休まず続けており、崇との恋愛で長く深刻に悩む生徒ではなく、気持ちを切り替えていく力がある。また生活的にもその必然性を持っていると思った。

それぞれの思いを私に訴えることにより、間接的に自分の考えが相手に通じることを期待しているように思い、私は慎重に対応した。誰の話もそのまま受け取り、聞くことに徹し、できるだけ感想も指示も、批判も表明しないことを原則とした。生徒の間のことは生徒の中で解決していくこと、恋愛も別れも生徒が獲得する力の一つであり、それを見守ることが大人の役割ではないかと思うからである。また彼らを通して多くの生徒が恋愛、つき合い、別れを疑似体験する大切な機会になる、それらをじっくり観察してみたいという個人的な学習課題も持った。それは三人の生徒が互いに憎み合わないためにも必要な態度であると思った。

❏美加の薬物騒動

七月の初め、美加はいつまでも泣いておれないと、自分に言い聞かせるように「新しい恋人ができた」と、るんるんの表情で現れた。無理しているなと思った。崇と幸に対抗しているようにも思え、何となく危険を感じた。

放課後、保健室に呼び、相手のことを聞きたいと言ってみた。「変な人なのかなあ」と自信のない表情で話し始めた。聞いてみると、相手の青年は以前、シンナーを使っていた、崇と別れるきっかけになったバイト先の青年である。五年ほど前にドラッグをやっていて、腕に注射の痕もあるが、新しいものではないという。

ドラッグの特性から考えて、簡単に止められるはずがない。紹介した人がシンナーの経験者であることも心配である。すぐにクラスの親しい友達を呼んで、美加の現状についてたずねてみた。美加は表面は崇のことはもう何でもないと言っているが本心ではない。崇の家の近くに行ったり、メールを送って嫌がられたりしている。崇のことを忘れるために焦って、今回の人とつき合おうとしている。しかしその人は絶対信用できない。別れさせないと危ないと言う。

今度は状況を見守るだけではすまされない。なんとしても別れるよう、クラスの友達と一緒に迫りつづけた。担任から間接的に家庭への連絡もとった。家では、夜半にＰＨＳが入って出て行ったことがあり、強く叱ったと心配していた。

それからすぐであった、美加が血相を変えて現れ、もう学校に来たくないと興奮状態である。つき合った彼は、ドラッグで刑務所に入り、美加にも警察から呼び出しが来たというのである。

忠告して以来、つき合ってはいなかったが、彼のＰＨＳの番号から美加のことがわかったらしい。

至急、担任、教頭、生活指導と会議を開く。指導経験の豊富な教頭から、本人が出頭しなければ、いつまでも呼び出しがあるので、早急に出頭すること、夏季休暇中も何かあれば担任に報告することなどを確認する。薬物指導をするよう県教委から催促があり、必要性を感じないまま、一年生にだけ実施したが、意外なところに問題が発生した。以降、この件については、警察も二人が完全に別れていたことに理解を示し、出頭することもなく解決した。

❏幸に別れを告げる

九月、崇は幸と別れた。別れる理由については、美加の時も、今回も言わない。ただ幸のことは「もうおわり！」と、軽く耳打ちした。幸は、一方的に別れのメールが届き、「意識的に逃げていると思う」と、一度だけ泣いて来た。

文化祭の後夜祭、最後の学校行事だからと出席した崇に、「逃げているだけでは気の毒ではないか」と言ってみた。「わかった、今日、時間を作る」。気にはしていたようである。その後、幸が頑張って元気に振る舞うのを感じた。

一二月、期末試験も終わったある日、三年の男子生徒三人が放課後、保健室に集まってきた。私が聞いていることを意識して話している。「絶対後悔したり、悪口じゃないよ」と言って、崇が切り出した。幸のことで一番困ったことは経済的なことであった。家の働き手である幸は、半端なアルバイトではない。学校の授業料も、弟の修学旅行費用も幸が出す。大学にはお金が貯まってから、一、二年後になるらしい、そんな頑張る高校生を見たこともない崇は、自分の生活を大いに反省した。すごいなあと尊敬もした。

「しかし、やっぱ、きついんだよね。そんな幸と映画や食事をしてもお金を出せって言えない。どこかに行っても交通費も出す。俺は全然アルバイトできない。だから本当に小遣いに困って、こんなこと言うのイヤなんだけど、持っている洋服をスクールの友達に買ってもらって、もう売る物ないんだよね。電話は費用がかかるので、ＴＥＬくださいとメールが入る。スクールから帰って電話する。その金と時間がすごいんだよ」

「みんな言っていいかな、こんな自分がイヤなんだけど、特別メニューの練習は見せるもんじゃないんだよ。ボロボロになるほど疲れているし、怒られるし、試合の時はいいけど…。だけど練習が見たいと言って、東京まで来てしまうんだよね。練習の後は仲間と話したり、何か食べたり、そんな時間が必要なんだよ。来られると『すみません、お先に』とか言って、幸と帰ることになる。俺、イヤなんだよ、そういうの。高校の部活じゃないんだから」

他の生徒はふんふんと聞いている。「だけど、最初は言えないんだよな」とか、話を合わせながら経験談が続く。私もうっかり加わってしまう。「美加さんの時はどうだったの？」「割かん」「スクールにも行ってみたいと言わなかったの？」「そんなこと言わせないよ。駄目なものは駄目だから…。だけど、それは俺が悪かった。次の人は自分で決めた、平等なんだよ」

他の生徒は、「将来は絶対彼女にも働いてもらう」「結婚はしない」「母ちゃんも働いていないからよくわからない」「平等はきつくないか」など話がはずみ、いつ尽きるやらと思ったが、四時近くになると、塾の時間だ、東京行きの時間だと、慌ただしく出て行った。

「そうか！　洋服を売って小遣いを作ったのか」「練習はやたらに見せるものではないのか」など、はじめて聞く話であった。そして、こういう話をする時間と友達が、崇にできていることを改めて知った。

❏崇と美加の距離

崇と美加は当人同士会うことを避けつつ、それぞれ「美加は専門学校に受かった？」「崇は大学どうするの？」と聞く。「自分で聞くこと！　私は知っていても言わない」。崇がおどけて言う。「あれれ、いつからそんなに厳しくなったの、もう来てやらない」

そんなある日、翌日は崇が受ける大学の面接の日であった。自分で質問項目を考えてきたが、結構できていた。「ちょっとちょっと」と私を呼んでは、「○○大学と△△大学、どっちが感じいいかな？」「部屋に入る時はスマイルかな？」とニッと笑ってみせる。「そんなこと、どっちでもいい、デパートの面接じゃないんだから」

リハーサルの途中で美加が入ってきた。明日が崇の受験だと話すと、美加は「本当、どこ受けるの？　頑張って」と気合いを入れたような表情で、私の前ではじめて声をかけた。約七カ月ぶりである。「うん、ありがとう」。崇は戸惑った顔をしながら答えた。「発表は何時？」と問う美加に「それは言えない」。聞くか聞かないうちに、美加は保健室から駆け出して行った。「発表の日ぐらい言えばいいのに」と思ったが、それが互いの今の距離なのであろう。

つき合ってすぐに伊豆旅行を実行した幼なさの残る崇と美加、自分のものとして美加を自分の近くに置いていた二年生の時、二人の別れ、距離を保って接する今、緊張の一瞬が終わってボーッとしている崇に一つだけ聞きたかった。

「美加さんと別れる直接の原因は、あなたなりにはっきりしているんだよね」

「うんはっきりしているよ」

「わかった、内容は聞く必要ないから」

だいたいの予測はついた。美加がアルバイト先の男性と気軽に話し合った、その男性に問題があったのである。崇は相手がシンナーを吸っている男性であったこと、そういう人から声をかけられるということが許せない。別れて一年近くたっても、本当のことを彼は話さない、美加をかばっていると思う、それでいいのだ。

❏二人の進路が決まって

崇はS大に推薦合格。美加は専門学校に合格。昼休み、美加が久しぶりに現れる。いつか公務員になって都市計画課に勤めたい。花いっぱいの横浜にしたいと夢が広がる。神奈川県にはどんな課があるのかなど、保健室にいる他の生徒も交えて賑やかである。少し遅れて、崇が平木と児玉を連れて現れる。美加を見て「元気？」と少々照れながら声をかける。

崇は、彼女と別れ、受験に専念すると勇断を奮った平木の相談に乗っている。昼休みが終わって教室に帰るとき、崇は「次は催眠術の授業だよ」。崇が出て行った後、美加は「崇は全教科が催眠術の授業ですよ」と笑った。

一月三〇日、今日で三年生の卒業試験は終了、あと三回の登校で彼らは卒業する。「明日誕生日、俺、寝るだけ」「小学校三年の妹とトランプするだけ」と、崇は報告がてら顔を出して帰って行った。今日も東京行きは四時である。

美加は四月からの通学に向けて、自分の生活を立て直しておきたい。様子を見て英会話も勉強したいと堅実である。崇とはメールで通じたが、すぐにつき合うというものでもないらしい（一月半ば頃、友達から新しい彼女を紹介されたけれど、崇はメールで、美加にもう一度やり直したいと伝えたと、保健室に来て話したことがあった）。

崇や美加を通して久しぶりに三年間、じっくりと生徒につき合うことになった。その年齢なりに、出会いも別れの経験も貴重である。観念的道徳的な指導、効率的考え方で片づけてはならないとつくづく思う。悩んでいるのは彼らである。そしてそのことで柔らかに成長するのも彼らなのである。時間をかけて悩み、考えを口に出して反趨し、自分の生き方や人格に取り込んでいく

——そんな手伝いができればと思う。

６ 「父の霊」が意味するもの

❖神奈川／高校養護教諭　島野　美千代

新年がスタートしたばかりのある昼休み、相談したいと麻子が来た。遠慮がちに近づき、ちょっと困ったような笑顔を見せた。

麻子は、開口一番「先生は、霊を信じますか？」と、少し言いにくそうに言った。とっさにその言葉の意味するものは何なのだろうかと思いを巡らしながら、席を勧めた。麻子は、信じてもらえるかなというような面持ちで「死んだ父の霊が家にいるような気がするのです」と言った。

麻子の家庭は、小五で両親離婚（結婚直後の父親の浮気を母が許さなかった）、小六で父親自殺（父の友人からは、母が殺したようなものだと聞かされていた）。可愛がってくれた大好きな父への思いは、お母さんに気を遣って押さえていた。

葬儀後、母子はアパートに引っ越した。間もなく弟が部屋に人影を見るようになり、霊能者を呼んだ。霊能者の見立ては、「霊の集まる場所にアパートが建っているので出やすい環境にある。お札を貼るように」とのことだった。その後、人影を見ることもなく月日は過ぎていた。

一二月中旬、友人を家に招いた時、突然、その友人が「男の人がこっちを見てる」と、部屋の隅を指して言った。友人は霊感が強く見えてしまうことがよくあるのだという。友人は父親の真実は知らない。気になって父の写真（母が全部処分したが、内緒で一枚持っていた）を見てもらったら、友人は「そう、その顔だった！」ときっぱりと言った。どこかに予感はあったが、やはり父の霊だ。霊がいるんだ。お父さんが自分を忘れないで欲しいと言っているんだと確信したと言う。

父の霊は、居て欲しいと思っている、追い出すのは嫌だ、でも、恨みで成仏できないでいるなら困るし、かわいそうだ。しかし、母の新しいパートナーはとてもいい人なので、父の霊の存在を言うと、二人の仲にひびが入るのではないかと心配になって、言いたいけど誰にも言えない。どうしたらいいか、冬休みはそのことばかり考えてつらかったと、麻子は涙ぐむ。

淡々と語るその重みを受け止めるのにしばらく沈黙があった。

幼少より両親の葛藤の中に育ち、不幸にして父の非業の死。あってはならないつらい思いを乗り越えようとしている心情に胸がつまった。霊でもいい、父が存在していて欲しいという切ない気持ちと、母の新しい生活への気遣いに苦悩する健気さに、心からのいたわりの言葉が口をついて出た。しっかりと麻子の目を見つめて、「お父さんの霊は、あなたがそう思ってくれていることを知って喜び安心していると思う。そしてお母さんもパートナーもその気持ちを知ったらありがたく思うはずだ」と続けた。

麻子は、「えっ！」という表情をし、一呼吸の後「そうでしょうか。そうだといいんですけど」と、ホッと力が抜けたような表情になり微笑んだ。それは内なる何かに気付いたようにも思えた。

実は最近、家の中で奇妙な音がするなどの怪奇現象が続いている。それはアパート中に起こっていて、不気味なのでアパート全体でお払いの話が出ていたが、反対意見が出て取り止めになった。今度の日曜日、我が家だけで霊能者を呼んで見てもらうことになっている。霊能者に父の霊のことを聞きたいけど、母とパートナーに絶対に知られたくないので、どうすべきかとも悩んでいたとも言う。

私はその気持ちを受容し、知られないで聞く方法をあれこれ考え、勇気を出してやれる方法で聞いてみるよう励ました。麻子は次第に明るい表情になり、その後の様子を報告することを約束して教室に戻っていった。その後ろ姿を見送りながら、私の気持ちは揺れた。本人の気持ちに寄り添うあまり、受容に徹したが、これで本当の解決になるのだろうか、本人だけの問題に終わらせてよいものなのだろうか、母に話すことを勧めた方が良かったのではないか等々と。

数日後、心なしか晴れ晴れとして麻子が報告に来た。

霊能者は、「お札のパワーが切れたので現象が起こっているので、お札を貼れば大丈夫だ」と言ったとのこと。そして麻子も霊能者にこっそり聞くことができた。「先祖が迎えに来てくれないと、霊はあの世と現世との間をさまようことになる。お札は鎮めるものであり、決して追い出すものでない。お線香をあげるといい」とアドバイスされ、納得したのだと言う。

長い間、心にわだかまっていたことへの回答を聞けてホッとした様子が、生き生きとした表情から伝わってきた。最初、保健室を訪れた時の重い様子からは想像できない、拍子抜けするくらい軽やかな展開に思えた。

麻子が去って、不思議な霊の世界を数日共有していたのだなあという実感をかみしめながら、「先生は、霊を信じますか？」の問いかけの意味するものがわかったような気がした。

今どき「霊の存在」などという、非現実的な世界に身を置いた麻子、それは心の奥に秘められた、父への想いがそうさせたのではないか。そしてそれは、麻子が通過すべき課題だったのではないかと思う。

⑦ 留年生・瀬川くんが飛び立つ日まで

❖神奈川／高校養護教諭
後藤　さとみ

瀬川光夫、彼は留年一年生。同学年のほかの三人も留年となったが、次々にやめていった。私は第一子の育休明けで七月より復帰した。指導上の事件が何度かあったとき、瀬川という名前があがっていたが、顔は知らなかった。留年になったのは、授業日数が足りず、ほとんど成績が出なかったから。また、指導上の事件も何度かあり、その学年の意向でもあった。進級会議で反対意見も出たのだが、可決された。

保健室での最初の出会いは二学期半ば頃だったと思う。茶色の髪をして（今でこそ一般的に浸透しているが、当時は茶髪の青年はほとんどいなかった）、両手をポケットに入れて「やってられれっかよー」と大声を出しながら、時どき顔を出すようになった。しばらく文句を言ったあとで、他の仲間だった三人が学校を辞めて、今何をしているかを語っては「オレも辞めるよ」と。そして、学校を休みだす。学校に来ても授業に行かず、ずっと保健室にいることもあった。そのときに出るのは、学校に対する不満、そして夜バイクを乗りまわしているときのことだった。折にふれ、私も中退者のその後の様子や、彼らが卒業したほうがいいと言っていたことなどに触れ、高校生活へ興味が向くように話していった。

留年一年生の二学期、やっぱりだめかな…と思っていたが、教科担当の先生方がよく声をかけてくれ、補習等にも目をむけるようになった。瀬川くんが保健室にいるときは、担任や教科担当者にその時の様子を伝えていった。三学期は、欠席もだいぶ少なくなり成績も出て、二年生に進級できた。

瀬川くん二年生。自分と同年齢の生徒は三年生。彼は一学年下の生徒といっしょである。彼のクラスの誰もが彼に気をつかってか「瀬川さん」と呼び、一歩離れている感じであった。休み時間のたびに保健室にいるか、仲良しのサッカー部員（三年生）と廊下で話していた。社会見学・体育祭は欠席。でも、授業はかなり出席するようになった。

彼が保健室で話す内容もずいぶん変化してきた。それまでは、学校への不満等が多かったのだが、自分自身が夢中になるものを見つけ、そのことを目を輝かせて話す。それがサーフィン。夜中に仲間と車で湘南へ出かけ、そこで思い切りサーフィンし、仮眠して学校へ。保健室にやってくると、その時の様子を話してくれる。夢中になるものができ、また、学校外に心許せる自分の仲間ができ、彼らからも卒業にむけて励まされ、学校を休まなくなった。その頃、授業担当者や担任に瀬川くんの様子を聞くと、落ち着いてきているということだった。

少しずつ保健室に来る回数も減り、休み時間はクラス内の親分的な存在で男子の相談役になっていた。昼休みは三年生（同年齢）のサッカー部員とピロティーで昼食をとったりし、瀬川くんなりに自分の学校での居場所を確立してきている様子が伝わってきた。

彼が二年生の十一月、私が二回目の育児休暇へ。瀬川くんに、卒業前に職場復帰することを伝え、育休へ入った。どうしているかなあと思いながらも、子育てに追いまわされていた頃、瀬川くんから暑中見舞いのハガキが届いた。内容はサーフィンのこと、そして、私の子育てへの励ましだった。一所懸命書いた様子がうかがわれ、うれしかった。

それから一年後の十二月末、私の育児休暇明けの日。瀬川くんがトレードマークの茶色の長髪で「よぉ、もう卒業だよ」と声をかけにきてくれた。三学期に入ったある放課後、進路の話をすると、就職を考えている様子であった。「もう、二十歳だぜ。そう、チャランポランしていられねぇしょぉ」「うちのかあちゃんも、ずっと看護婦やってるよ。前はなんとも思わなかったけど、この頃は、無理しなきゃいいのに…と思うようになったよ」と。

彼との出会いの中で、一番強く感じるのは決して、生徒を先入観で見てはいけないということである。以前こんなことがあった。

瀬川くんがたまたま具合が悪くて休んでいたところへ、生徒指導部の山田先生が飛び込んできて、いきなり「おまえ、今までどこにいた！」と怒鳴ったのである（トイレでタバコを吸っていた生徒を追いかけていたところ見失ったらしく）。彼はすごく怒り「なんだよ、入ってくるなり決めつけて！」と椅子を蹴り、つっかかっていった。私が、瀬川くんはずっとここに居た旨を伝えると、山田先生も自分の誤りに気づき謝ってくれたが、本人の気持ちはおさまらなかった。「すぐ決めつけてよぉ。だから、先公はいやなんだよ。それにまちがっていてもあやまんねえし！」と、あたり散らした。対教師への不信感は相当であった。

ふたりになってから、山田先生も勘違いに気づいてあやまったからと話していったら、ようやく冷静になっていった。それほどまでに、彼は教師の言葉に傷ついていた。中学時代から、いやそれ以前から、何か事件があると彼の名前が出るようになり、似たようなことをずっと言われてきたのだった。


高一の荒れた時を通り越し、落ち着いた二年生の秋、よく自分の幼かった時のことを話してくれた。共働きで、保育園で最後一人になるのが寂しかったこと。話したいことがあっても、朝、母親は忙しそうにしていて先に仕事に出て行くので、言わずに我慢したことなど。思春期の不安定な中、彼が荒れ、両親を困らせていたのは、無意識の中で幼少時代の寂しさをぶつけていたのではと、ふと考える。

誰もが、自分ひとりの力ではなかなか変えることのできない環境の中にいる。でも、自分の位置を確認し、足元を冷静に見つめられた時、自分の力で飛び立つことができる。二十歳の誕生日を目前にした瀬川くん。彼の卒業式を前に、私の願いはひとつ、さらに「生きる力をつけてほしい」と。

〔追記〕その後、瀬川くんは無事に卒業式をむかえた。卒業式終了後、卒業証書を手にし、保健室に顔を出してくれた。私が用意していた花束を手渡すと、彼のおさえていた涙がとめどなくあふれて、顔がくしゃくしゃになっていた。もちろん、私も遠慮なく泣いた。彼の目からあふれ出る涙といっしょに、四年間の苦しかったこと、つらかったことも流しているようだった。私も、涙とともに瀬川くんとの保健室での関わりを振り返っていた。何も積極的にはやっていなかった。保健室にやってきた彼の荒れた言葉、投げやりな態度に、ひたすら目・耳を傾け続けただけだった。照れくさそうに、涙を笑いでごまかしながら、「先生が転勤する時には、今度はおれが花束持ってきてやっからさぁ」と言い、手を振りながら保健室を後にし、巣立っていった。

その後、瀬川くんから二〜三回、暑中見舞のハガキが届いた。そこには、元気にやっている様子が書いてあり、温かい気持ちにさせてもらった。

時の流れとともに生徒の様子も、抱えている問題も様変わりした。日々、次々と来室する生徒に向きあい、関わっていく毎日を過ごしていた。そんな中、十一年勤務したその高校から現任校へ転勤することになった。

感無量の思いで離任式を終え、もう通うことのない保健室の中を見まわしていると、「先生！」と、花束を持って走り寄ってくる青年がいた。なんと瀬川くんであった。他に二人。彼らも数年前の卒業生であった。花束を手渡してくれ、「先生が転勤することを新聞で知ったんだ。先生に恥ずかしい思いさせるといけないからよぉ、友達のオヤジのスーツ借りてきたよ。ちょっとブカブカだけど、かっこいいだろ」「先生、オレのときのように、生徒の話聞いてやってる？」「やっぱ、保健室は大事だよ。ホッとするからよぉ。学校変わっても、生徒の話聞いてやってくれよ。何年かたって、いろんなことに気づくんだよ。オレがそうだもん…」。

ずっと話し続ける瀬川くん。そういえば、私の転勤の時に花束を持って来てくれるって言ってたっけ。ずっと覚えていてくれたんだ…。瀬川くんにエネルギーをもらい、また、新たな気持ちで保健室で仕事をしている。

「ムカックー」と大声をあげながら、保健室に入ってくる生徒たちに「どうしたの…」と声をかけ、彼らの心の吐露に耳を傾けている毎日である。もちろん、先入観なしで。彼らの心の叫びに寄り添えるように。

8

「うちの親は本当にいい親なんです」

❖神奈川／高校養護教諭　もり　ともこ

A子は入学当初から、明るく活発で何事にも積極的に取り組む生徒だった。ルックスも愛らしく、すぐにクラスにとけ込み、クラスの中心として生活していた。しかし、体調を崩したという理由で時どき数日間休むことがあるため、気になる生徒であった。

五月末より保健室への来室が増え、常に体の痛みについて訴えてくるようになった。本人から自主的に内科、整形外科、眼科、整体、マッサージなど受診したが、これといった病名もつかず、最終的には本人も両親も「ストレスが原因」ということで納得した。

七月に入り、保健室の来室者も落ち着いてきた頃、A子は「なりたい自分になれない」と言って泣きだした。今まで私たちの目に映っていた「明るく活発で、何事にも積極的に取り組むA子」は、A子が「こうありたい」と自らが願う自分の姿だったのだ。中学時代にいじめに遭い、「誰からも好かれる」「誰からも受け入れられる自分」を演じるために、いつも張りつめて人の顔色をうかがいながら、明るくフランクなA子を演じ続けていたのだった。

しかし、自分がよかれと思って友達に尽くしたことが、自分の予想に反して感謝されなかったり、自分の期待通りの反応が返ってこないことで、自分を演出するしんどさと、演じた努力が報われないことが、体の痛み（極度の肩こり）という形で現されているのだと気づくことができた。

保健室で話すと同時に、家庭でも同じ悩みを両親に話しているようだった。なりたい自分になれず、学校の人間関係に疲れてしまったA子は、両親に「学校をやめたい」と話していたようだ。特に父親は「そんなに人間関係で疲れてしまうくらいなら、学校をどれだけ休んでもかまわない」「高校生活だけが人生のすべてではないので、やめたいのなら学校をやめてもよい」と彼女に対して共感的・受容的に、そしてとても理性的に接しているようであった。

母親は何とか彼女の緊張を解こうと、マッサージや病院への受診をサポートしてくれていた。このような両親に対し「うちの親は私に決して怒ったり、叱ったりせずに、黙って自分のやりたいことをやらせてくれる、本当にいい親なんです」と繰り返し、私に話してくれた。

しかし、期末テスト直前のある日、事件は起きた。自宅に両親がいないのを知って早退したA子は、突然頭が真っ白になり、家中の家具を倒し、中身を部屋中にぶちまけた。その翌日、朝から保健室に直行したA子は「昨日、家の中を滅茶苦茶にしたんです。母が帰ってきて怒られると思ったのに、何事もなかったように全くそのことに触れないで、いつもと同じ様子で夕食だと私を呼びに来たんです。父も帰って来て家の様子を見て知ってるはずなのに、全くその話をしないんです。こんなに大変なことをやっても、何にもわかろうとしてくれない。次はどんなことをやったらいいのかもうわからない」と言って大声で泣いた。

家庭で暴れた直後、A子の母親と面談する機会があった。A子が暴れた後、両親からなんらかのアプローチがあればもう少し、彼女の情緒も安定するように思えたので、そのことを話し、親子共々心療内科か、神経科での治療とカウンセリングを受けることをすすめてみた。前もってA子には話していたが、A子もとても乗り気になっていたので、心療内科への受診は容易に決定した。しかし、A子が積極的に受診すると言ったにもかかわらず、前日になって予約をキャンセルしたいと言いだした。A子の窮状を理解してもらい、わざわざ休診日に面談の約束を取りつけたことを知りつつ、A子は受診を拒んだ。もちろん、その時も「A子が行きたくないのならば、仕方がない」ということで、母親が平身低頭謝って予約をキャンセルしたのだった。

A子から聞く限り、家族で感情を露わに喧嘩をしたことはないと言う。七歳違いの姉がいるが、年が離れすぎているため、姉妹喧嘩すらしたことがないという。そういった環境で育ったA子であるから、どのようにマイナスの感情を表現したらよいのか、マイナスの感情を露わにしてしまったあと、どのように関係を修復するのかを家庭で経験してきていないのではないのだろうか。

両親ともに共感的・受容的であり、カウンセリングマインドに満ちあふれた家庭であると察する。Ａ子にとってこの両親は、本当に「いい親」なのだろう。しかし、すべてのわがままや甘えまで受容され、いろいろな感情をぶつけ合うことなく営まれている家庭に物足りなさを感じているのも確かである。

今日も首の痛みを訴えて保健室に来るＡ子の携帯電話のメールが鳴った。「お母さんが首が痛くて辛いなら、放課後サウナに行こうってメールが入ったよ。んじゃひとつ、お母さんとサウナに行ってくるか〜」、そう言って、保健室を後にした。

両親はきっとこれからもＡ子に対して、共感的・受容的・理性的に関わっていくのだろう。その分、友達が「私たちに好かれようとするなんて、私たちをバカにしてる！　Ａ子の暗くて、マイナス思考で、甘ったれなところも含めてＡ子は大事な友達なのに！」と、愛のある言葉をかけてくれている。彼女の中でも感情でぶつかってこない両親に対して、本当に「いい親」なのかどうなのか揺らいでいる様子も見える。両親あってのＡ子であるが、友達を通して家庭では身につかなかった本当の感情を表現しながら、自分らしい自分になっていくのだろう。私はＡ子とＡ子を支えてくれる友達たちを見守りながら、彼女たちの成長を見届けたいと思う。

〔付記〕「うちの親は本当にいい親なんです」と、なぜA子が私に繰り返し言っていたのかはわからない。彼女が言う「いい親」に実際会ってみると、本当に子どもを愛していることが伝わってくる。親は親なりに一生懸命、その時できる努力を惜しみなく子どもに注いでいる。しかし、私の頭の中でA子の両親へは「もっと感情をぶつけ合って、その上で関係を修復しながら家族をつくり上げていってほしい」「病院やマッサージなど、他人に助けを求める前に、両親がA子にもっとかまってあげて欲しい」と思う。

せっかく身体症状を訴えて保健室に来てくれたのだから、できる限りのサポートをしてあげたいと思う。しかし、保健室だけでは解決できないことの方が多い。家族からは与えられない部分を学校にある人的資源（友人、先輩後輩、教職員など）や、社会資源（児童相談所、医療機関、NGO、ボランティアなど）をうまくコーディネートしながら、子どもたちの成長をサポートすることが必要である。もちろん、子どもは最終的には家族の元へと帰っていく。そういった意味でも家族を巻き込みながら、コーディネートすることも必要だと思うが、まだ、面談という形でしかつながりがもてないことが課題である。

また、私自身が子どもの問題に入れこみすぎていないか、逃げていないか、自分の都合だけでコーディネート先に任せっぱなしになってはいないか、常に自分に問いかけていく必要があると思う。

9 自分の飲酒問題を見つめ直し始めた生徒

❖神奈川／高校養護教諭　金野　百合子

・生徒の状況＝A男・三年（在学4年目2年次2回）
・家族環境＝父、母、兄、祖母

❏飲酒初体験は小三

M高校の保健室は管理棟ではなく、教室棟に位置していた。他職員の動きはつかみにくいが、生徒たちにとっては誰からも束縛を受けずに出入りできる利点があった。赴任して健康診断を終えたばかりの私を「どんな人だろう」と探るかのように毎日いろいろな生徒がやって来る。その様子を見ると、生徒は小集団を形成していて、一つの集団が来室していると他の集団が入って来れない、または話ができないようであった。ドアの前で他の集団の声がすると、Uターンしている気配さえ感じた私は、ドアのすりガラスを透明ガラスに変え、誰がきたか、どんな様子で入って来るかわかるようにした。

その集団の一つに、A男を含むグループ（A男を含めて、留年してまだ二年生の生徒が二人、三年が二人）があった。A男は一、二年生の時はとても荒れていた。当時の担任に聞くと、大声を出したり、タバコでの謹慎、多くは語らないが、校長と顔なじみであることから、一、二回ではないと推察される。家庭の中でも荒れ、母親はとても困惑していて、A男の行動を規制することができなかったと、後から話してくれた。

この集団の話を聞くと、頻繁にアルコールを飲む話が出てくる。他校のグループ、あるいは地元の有職少年・先輩と飲んでいる。飲んだ後、なんらかのトラブルを起こしているのがわかった。それはおもに喧嘩だったり、器物破損だったりした。

A男の飲酒量はたびたび吐くほどのものであることもわかった。飲酒回数は一週間から一〇日間に一回。飲酒初体験は小学校三年生で、家族の祝いで飲んで目が回り、中学校の時には一〇〇ccくらいのビールを風呂上がりに飲んでいた。また、気の合った友達と外で飲み始めていた。

❏A男グループの話に耳を傾ける

この集団の指導に取り組んでみたが、そもそも個性的な生徒が、寂しがり屋で優しいが故に

（表面は荒れているが）形成した集団であるためか、一定の線までしか踏み込めず拒否された。しかし、アルコールをどうして飲むのか話し合っている時には、「アルコールが好きだ」と言っている生徒はいなかった。「日曜日になると暇だから」とか、「たまに会って話だけでは間が持てない」とか、なんとなく人恋しくなると「話をしない？」と誘うよりも「飲まない？」と誘うということを話してくれた。

酒の害については体に悪いとは実感してないというが、よく聞くと、吐いているときは「本当に嫌だなあ」「他から見るとぶざまなんだろうなあ」と情けなくなるが、しかしそれも、次の日、また次の日となって、回復するとすべて何事もなかったように飲んで楽しい一日を過ごせたと感じていることがわかった。

さらに、体に悪い影響が残ることを説明しようとすると、「先生、それは好きずきなんだよ。これしか楽しみがないんだから」と言う。そして、「先生が、どんなに害を話してもやめることはないよ、なあー」と一人が言うと、後の三人はうなずいてしまうのであった。

そこで私は、アルコールについて話すのをやめ、この集団の話すことに耳を傾けることに専念した。他校の不良っぽい生徒に囲まれて怖かった話から、政治の話に発展、「弱い者はいつもバカをみる、強い者はいつも勝つ」と言うと、一人は「それは世の中の常識だよ。だから、自分の利益になるようにセコク生きるんだよ」と言う。それぞれの背景が違うことを自覚しているようで、しばらくすると集まりはするのだが、相談したい時はバラバラに来室するようになった。

一〇月になり、A男は顔にあざをつくって登校した。理由を聞いたら酒を飲んだ帰り、同じ年頃の同じような感じの子が向こうから歩いてきたので一発殴ったら、殴り返されたとのことであった。酒を飲むと、いつでも気分が昂じて手を出したくなると話してくれた。

❑一人ぼっちになる不安

三年の二人がそれぞれ進路も決まりそうになって期末テストに入った頃から、A男は一人で来室することが多くなった。来ても何を言うのでもなく肩で息をすることが多く、爪を噛み、「どうしたの?」と尋ねても、「何でもない」と答えるだけであった。もう一人の二年生は再度の留年が決まりそうで、すでに諦めた態度であった。A男は諦めることもできず、さりとて勉強するでもなく、表面的に見れば怠惰な生活を送っていた。

一一月、A男はカゼをひいて来室した。理由を聞くと、前々夜、酔ってひどく吐いて帰宅できなかったので、公園のトイレを使いながらベンチで夜を過ごした。怖くて寒くて一睡もしていないように思ったけれど、眠ったようだということだった。そばにいた仲間の三年生が「バカだな。公園の近くのオレの家にくればよかったのに」と言うと、行ける状態ではなかったと答えた。

次の日、一人で来室したA男に、「一人ぼっちになるのが寂しいのかしら」と聞くと、素直にうなずいた。三年生が来室しなくなったら、A男と同じクラスの生徒（留年生）が一緒に来室するようになったが、A男は心底からは楽しめない様子であった。

❏病院の医師と会う

いままでアルコールをやめさせようと指導してきたが、A男の飲酒はやまなかった。そのうちにA男と同じクラスの生徒の進級が危ういものとなった。一月の修学旅行で、A男がまたしても飲酒して吐いて、一緒によく来室する生徒に介抱されているところを見つかるという事件が起きた。

次の日、前日のことを何も覚えていないA男に昨日のことを教えて、最後に「あなたの体にアルコールは合ってないみたいよ。もっと自分のことを大事に考えてね」と言った。

二月になって、三年生が登校しなくなってから、A男とその友達が来室した時、彼に聞いた。「あなたのいま一番の願いは？」。A男は迷わず「上がりたい」と言う。私は「そうよ。僕はこうしたいということをはっきり言うことよ。寂しかったら寂しい。自分の気持ちを暴れたり、酒を飲んでごまかさないで口に出して言ってね」と言った。

それから、A男とその友達と私の三人は、休み時間、放課後にノートの点検、教科担当教師に課題をもらってくる練習、もらった課題を提出することに全力を出した。友達は、その途中でやる気を失って遊び出し、来室はするが、勉強はしなくなった。A男は、「上がりたい」と教科担当教師に言えるようになり、それに見合った行動がとれるようになった。アルコールのことは言わなかったが（特に指導はしなかったが）、飲む暇がなくなったようである。

卒業式は同級生たちが卒業することであり、さすがに沈んだ様子であったが、多くの先生から「来年はおまえの番だから」と言われるとニコッとした表情を見せた。それを見た私は、これなら進級できると確信した。

期末テストも何とか切り抜け、うまくいかなかった教科の課題を作成していた三月一一日、突然、A男が「病院に見学に行こうよ」と言い出した。私が以前、提案して受け入れなかったので「どうして?」と聞くと、「自分にはアルコールはやっぱり合わないような気がするけど、まだどうしても飲んでしまう。アルコールを飲むと、どうなるか聞いてみたい」と言う。以前、アルコール問題に取り組んでいる病院の医師が「高校生がどうして酒を飲むのか、話し合ってみたい」と言っていたので、ちょうどよい機会だと思い、本人の承諾を得て見学を計画した。行くに当たっては、A男の母親と話をし、承諾もとった。

その当日、医師から高校生の飲酒について質問を受けている時ははにかみながらも余裕を持っていたA男も、見学を終わる頃にはひどく落ち着かない様子で、帰る時にはとてもショックを受けたらしく、肩で息をして黙ってしまった。

「しばらくは、飲む気にならないな」

Ａ男はその後一カ月飲まなかった。また、彼はこれ以後、飲酒しての喧嘩はしなくなった。

❏自分の気持ちを口に出せるようになった

三年になり、Ａ男は明るく過ごせるようになったが、なおクラスには溶け込めないようでたびたび来室したが、毎日・毎時間ではなくなった。また、先生方への悪口が減って、良いところを口にするようになった。

六月、進路相談のための父母懇談会があり、父親が来校することを恥ずかしそうに私に伝えた。相談の際、父親と会ったがＡ男の成長を喜んでいた。相談を終え、一人になった彼は昇降口で真っ赤な顔をしていたので聞いてみると、「僕は何かあるとすぐに上がるんだ。それで酒を飲んだ時、殴ったりするのかも知れない」と内省していた。追認してもらいたい、そうしないと卒業見込みがとれないと、自分から補習を申し込みに行った。

九月になり、来室。「どうしたんだろう？　なんだかわからないが、とてもイライラする」と訴える。イライラすると言って暴れたり、アルコールに手を出さずに言葉にしたことを誉めてあげ、どうしてイライラするのかを話し合った。

就職試験がすみ、合格発表があり、就職が内定した時のＡ男はとても嬉しそうで、Ｖサインを出して喜んだ。しかし、三日後は沈んだ顔で来室、父親と同じ会社であることの不安を訴えた。私はうなずきながら、何もコメントせず成行きを見守った。

九月一九日には「あー、一九歳で働くのは早いよ」と言い、肩を上下させた。一〇月に入り、A男は落ち着きを取り戻し、来室して言った。「日本だけでしょ？　僕たちの年代でグタグタしてるのは。僕たちくらいの子が、自分のことより国のことを考えている。僕たちはまだ自分というのがわからない。働いた感覚がないのに働かなければならない。僕はお金に関係なく体を動かすことをもっと小さい時に覚えれば良かったなあ」「どういうことなの？」と聞くと、「アルバイトは金のために働くのだけれど、仕事というのは自分の生き方や将来のために働くんだよ。どうしてもまだ金に引っ張られるんだよ」と言った。私は彼の成長に目を見張った。

一〇月一六日に、彼は再び病院見学を提案した。今度は、彼の三年になってからの友人も誘ったらしい。私は見学の予約を取った。

一一月二三日、三人の生徒と病院を見学した。そのうちの一人は、父親が糖尿病で透析を受けているにもかかわらず、晩酌をしている生徒だった。私は、彼がどんな反応をするか興味があった。見学した患者の姿は彼らのイメージとは違ったようであった。彼は晩酌をやめた。それからA男は毎日、保健室に来て自分の気持ちを伝えてくれる。攻撃的な面はなくなった。

❏事例と向き合っての教訓

①問題飲酒生徒の指導として最初、アルコールの害を話してみたが受け入れられなかった。

②生徒のニーズをまず受け止めることで、私が彼らを大切に思っていることを彼らに理解してもらったことが、この指導を続けられた要因の大きな点である。

③A男は成績は悪いが、自分のことを内視する能力が大きいことを発見した。これは、彼にとっても、私にとっても大きな成果である。

④現在、彼は飲酒を止めていない。しかし、飲酒回数は減り、喧嘩、帰れない等の問題はなくなった。今後、自分の生き方を見つめていくトレーニングをしながら、アルコールとの関わりについて考えていって欲しいと願っている。

⑤今後の課題として、問題飲酒がある他の生徒へ指導の輪を広げていき、生徒が生きていく力を見つける指導を続けたいと思う。

〔追記〕この原稿を出版社に送ってしばらくした今年一月、前触れもなく飲酒のA男がせんべいを持って私の前に現れたのです。A男は現在二八歳、立派に仕事を続けていました。

「先生、この間は快挙、快挙！　昇任試験がトップの成績だったんですよ。東大卒もいるのに」

「酒も飲むのは集まりがある時だけ。暴れたり荒れたりしなくなりましたよ。あ、先生！　前に僕のことをまとめたレポートがありましたよね。あれ、まだ持ってますか。あったら見せてほしいなあ」

私が、「あの時、あなたにレポートを見せたら、これで本でデビューしよう！　と言ってたけど、今度、本当に本になるのよ」と言いました。

彼はレポートにもう一度目を通し、「僕のためにこんなに多くの先生が関わってくれたんだね…。先生、これ、コピーしてくれますか？　僕の宝にしたい。くじけそうな時、支えてくれる人が絶対いるということを思い出すから」と言って、連れて来た彼女にそのレポートを見せているのでした。

積もる話に時間を忘れ、ハッと気づくと、時計は夜の七時を指していました。もちろん、A男にはコピーを持たせてあげましたが、滅多にない出来事だけに、うれしさもひとしおでした。

いただいたおせんべいを、残業していた教頭先生と食べながら、「教師っていいよね、おいしいね」と、互いに味を噛みしめ合いました。

第4章 愛と性の現実

※妊娠を繰り返すA子　※出会い系サイトでの出会い

※在学したまま結婚・出産した生徒　※保健部でオリジナル性教育ビデオを完成

⑩

妊娠を繰り返すA子

❖神奈川／高校養護教諭　中島　教子

❑扱いにくい生徒

職員室前の廊下で一年女子と二年女子がトラブルを起こす。「うるせえんだよ、むかつく」と騒ぐA子を止めようとする教員にも「さわんなよ」と攻撃してくる。とりあえず二人を引き離し、A子を保健室に連れてくる。「むかつく」とひとしきり騒いだ後、プイと出ていってしまった。それまでも何度か保健室に来たことはあったが、「気持ち悪い、帰る」と言うだけでなかなか話をすることができず、扱いにくい生徒という印象だった。

五月下旬。担任に連れられて、A子来室。家出中で、父親が迎えに来ているが、帰らないと言っているので、担任が父親と話し合っている間、預かってくれと頼まれる。

「家に帰りたくないんだ」「いつから家に帰っていないの」という話から、はじめてＡ子と話ができた。「自分にも悪いところがある（門限を守れない、学校をサボってしまう等）のはわかるけど、せめて話を聞いてほしい。父親はすぐ殴るので、家ではなにも言えない。弟や妹には絶対に手を上げないのに。母親は父親の言うなりで自分の言うことは聞いてくれない」と涙ぐみながら、一気に話した。その様子から、父親に理解してほしいという気持ちが伝わってくる。「先生に一緒にいてもらって、自分の気持ちを話してみたら」と誘うが、「そんなことしたら何をされるかわかんない、絶対にできない」と言い張り、結局、この日は父親と一緒には帰らなかった。これを機に、時どき保健室に来るようになった。

❏妊　娠

「気持ちが悪い」と言って来室。ソファに横になったまま動かない。体温は37・２℃。ずっと微熱が続いており、気持ちが悪いという。最終月経を尋ねると、四月二四日と答える。彼とつき合い始めたのが五月二〇日からで、避妊はしていなかった。相手（Ｂ男高一）とは、「赤ちゃん、できちゃったかもね」という話はすでにしているという。

とりあえず事実がはっきりしないと、何も考えられない、決められないので、受診するように勧める。この日から流産してしまう七月上旬まで、気持ち悪いと言って一時間休んでは授業へ、あるいは一日中保健室にいるようになる。この間、まず体が大事なのだから受診すること、親にも相談しなければ二人だけでは決められないことなどを話す。

A子は産みたいという気持ちが強く、B男も学校をやめて働くと言っているが、受診することをずるずる引き延ばし、現実から逃げているように見えた。社会的・経済的なこと、そしてなによりA子の生活状況を見ていると、「子どもを育てるのは無理だよ」と言いたかったが、今いちばん混乱しているのはA子自身なので、A子の気持ちを聴いていった。

いつも他の生徒が何人もいる中でゆっくり時間を取って話をすることがなかなかできない。中絶可能な日数を気にしながら、本当に産みたいのかどうか、親には自分から報告するように話し合っていくのはかなり大変だった。A子は担任とコミュニケーションが取れていたので、「赤ちゃんができちゃった。産みたい」と相談に行く。

A子の体を気遣い保健室に来たB男と話し合う。今はどうしていいか判らない。母親に相談したところ、育てるのは無理なのでは、と言われた。でも中絶はさせたくないと言う。握り締めた手が震え、涙ぐんでいるB男を見ていると、A子をとても大切に思っていることが伝わってきたが、「父親になりたいの、なれるの?」という問いには「自信がない」と答える。A子に話したことと同じことを話した。A子を支えられるのはB男しかいないということがわかっただろうか。

その後、B男がA子の母親に「妊娠したらしい」と報告。次の日にA子、B男の母親から、話がしたいので立ち合って欲しいと、A子の担任に依頼があり、親同士の話し合いで、親が全面的に面倒を見るので、産ませてやりたいということになった。

母親とともに受診、この段階で予定週数より小さく、エコーに映らなかった。再度、双方の両親を交えた話し合いがなされ、B男は学校をやめて父親の仕事を手伝う、A子は一学期いっぱいは学校を続ける、自活できるようになるまでは、B男の家で面倒を見るということになった。この間、A子の親との連絡は、担任が取ったが、「夕方電話すると、母親はいつも酒を飲んでいるようだ」と聞いた。父親は一度、A子を殴ったが、以後何も言わず、母親は産んでもいいと言いながら「中絶した方がいいんじゃない」と言ったりするという。

A子はつわりのせい以外にも不安を紛らわすために、過食の状態になり、五kgも体重が増えた。カップラーメンやスナック菓子を頬張るA子を見ながら、この子は本当に母親になりたいのだろうかという思いを強くし、そのことについて話し合った。母親とも連絡を取ったが、子どもの気持ちを尊重したいというだけで、親としてA子をどう思っているのか、どのように生きてほしいのかといったことは、何も聞けなかった。

一方、B男の方は「担任には絶対に知られたくない」と言うので、親、本人ともに私が連絡を取った。B男の担任には連絡をし、「知らないふりをしながら見ていてね」と依頼した。

両親ともに産むことを援助すると言っている中で、A子の担任も私も、二人が子どもを産み育てるのに非常に不安を持ち、担任はあえて「反対」という立場を取った。もう少し時間を取ってA子の本当の気持ち（子どもを産みたいのか、家を出たいだけなのか）を聞いていくしかないと思っていた矢先、「流産しちゃった！」と、病院から学校に電話があった。その時、今まで学校のことはひと言も口にしなかったA子が「もう学校に戻っても、出席日数足りないよね」と言った。その日のうちに見舞ったが、話はあまりしなかった。

三日後に登校、一日保健室で休み、A子の話をただ聞いた。父親が夜中に病院に担ぎ込んでくれて、泣いていたという。B男とも話をする。医者に「流産したのは、まだ体ができていないからだ」と言われたせいもあり、いろいろな意味で早すぎたこと、もう同じことを繰り返さないようにするにはどうしたらよいか話し合った。

夏休み中に手紙を書く。「元気にやっているから心配しないで」と電話がくる。

❏再度の妊娠

「生理が来ない」と来室した。「流産した後だから体調が整うまではしばらく安定しないかも」という話をしたが、私の顔を見たまま何も言わないので、「妊娠の可能性があるの？」と尋ねると、もう検査したと言う。「今度は、B男は産む気がないので、親にも相談しないと言っている。自分たちでなんとかするから誰にも言わないで」という。「中絶するつもりなの？」と尋ねると、「私は産みたい」と答える。

前回の時と同じように毎日保健室に来るのだが、今回はお金がないので受診できない、親には言えない、今カンパしてもらっている、とまで言うので、「病院に行くためのお金も用意できない子どもが、自分たちでなんとかすると言っても信じられるわけないでしょう」と強い口調で言ってしまった。流産した日から数えると、そろそろ一〇週になるので、とにかく医者に行くように話すが、お金がないの一点張りである。私がついて行くからと、受診を約束させる。

B男は保健室に寄りつかず、全く話ができない。やっと話ができたのは九月半ばを過ぎてからだった。

「この前いろいろあって、とても自分たちでは育てられないことがわかった。父親にももう助けてもらえない。他の件で親に心配をかけているので言えない」と言う。「父親が怖いのか？」と問うと、そうだと言う。

❏診察から中絶へ

私がA子を連れて受診する。九週という診断を得た。自分で親に伝えることを促したが、できないというので、やむを得ず担任と家庭訪問をする。母親はとりあえずB男の親と連絡をとるが、前回同様本人の気持ちを尊重したいと言うばかりで、取り乱したり、泣いたりすることもなかった。

翌日、B男の母親が来校し、「A子ちゃんに中絶してくれるように頼みました」と泣きながら、混乱した気持ちを打ち明けた。「A子ちゃんにはひどいことを言ったけど、今のあの子たちにはとても親にはなれない。もっと自分のことを大切に考えるようになってから、考えようと話しました」と語ってくれた。A子、B男の周りの大人の中で、いちばん暖かい印象を受け、A子がB男の家に入り浸りになっていたのが理解できた。

それから一週間後に、A子は中絶手術を受けた。母親がつき添っていながら、午前中に手術を受け、午後登校してきた。とりあえず保健室で休ませながら、私はやり切れなさでいっぱいだった。A子自身は無理やり中絶させられた、という気持ちが強く残っており、「自分で決めた」「自分で責任をとる」という気持ちができていなかった。B男への不信感と、「好きなのに」という気持ちのなかで、学校をやめると、自暴自棄になりかけていた。

私は「今はとても辛くて、不安定な時だから、大切なことは何も決めてはいけないよ。今後のことはもう少したってから考えよう。学校を続けたいと思った時に後悔しても遅いからね。とりあえず二学期いっぱいはやってみよう」と話した。その日の帰り、「二学期いっぱいは頑張るよ」と言いに来たが、相変わらず中抜けをしたり、廊下をウロウロしたりと、落ち着かない。

A子はB男への気持ちを残しながらも、B男と別れた。なによりB男の方が「ゴタゴタはもう御免」という感じで離れてしまった。私は彼には何もできなかった。

❏原級留置から退学

その後、一〇月半ばより、同じクラスのＣ男とつき合いはじめる。「Ｂ男とのことも全部知っている。優しいから…」と言いながら「Ｂ男に会いたい、Ｂ男に電話しちゃった」と言いに来るＡ子の真意を計りかねていた。母親は相変わらず夕方からお酒を飲むことが多く、食事も作ってくれないことがあると言う。「この頃、手を切ると気持ちいいんだ」と、手首の引っ掻き傷を見せに来る。Ｃ男のことは賛成できることではないが、どうしても優しくしてくれる人が必要なのだろう。それでもなんとか欠課時数ギリギリで三学期に持ち越した。

三学期になってから、あと一時間も休めないという状況の中、休み時間のたびに保健室には来ていたが、なんとか授業だけは受けていた。

三月上旬、一年生のときのトラブルが発覚し、特別指導を受ける。進級できないかもしれないという状況になって、働くことを考え始め、学期末に退学した。その後、六月より契約社員として就職した。一度学校に遊びに来たとき「毎朝七時に家を出て、給料からお金を家に入れているんだよ」とさっぱりした顔で言っていた。父親も働くようになってから、暴力を振るわなくなったと言う。「働いて収入を得る」ということが、Ａ子にとっても、親にとっても、一つの区切りになったようだった。

あれから二年、今年の文化祭に顔を見せた。同じ職場の人と九月に結婚したと言う。おなかの中には五ヵ月になる赤ちゃんがいた。「おめでとう、でもどうして妊娠が先に来てしまったのだろう」という複雑な思いの中、今度こそしっかり赤ちゃんを抱いてくれることを願っている。

⑪ 出会い系サイトでの出会い

❖神奈川／高校養護教諭　幡山　恵子

四月に入ったある日のこと、はじめて見る一年生の女子生徒だったが、来室カードの「心配事がある」の欄に、はっきりと「恋人」とあったのが気になった。まだ子どもっぽさの残るあどけない丸い顔の女子生徒が「恋人」と書く意外性も感じていた。

保健室の私の席の後ろには、話を聞くために仕切ったコーナーがあるので、「ちょっとこっちに来て」と言って、そのコーナーに呼んだ。「恋人がどうしたの？」と聞いてみた。「彼とのつきあいを親に認めてほしい、認めてくれそうもないから悩んでいる」という。「あなたは、どうして親が認めてくれないと思うの？」と聞くと、その恋人が出会い系サイトで知り合った人だからという。その頃、ちょうど出会い系サイトがらみの事件が多く起きていて、親がその報道を見て、女性の側を非難するような発言をしたので、とても親には言えない、また彼に「家に来てほしいし、親に会ってほしい」と頼んでも、いやだと言って会ってくれない。中学生の時につき合っていた恋人は、家に来て二人でファミコンをしたり、自分の家族と夕食を食べたりしてとても楽しかった。だから、今度の彼にも家に来てほしいのだという。

なんと健気で正直な女子高校生なのだろうと、私は思った。「彼ってどんな人? 高校生?」と聞くと、二五歳、サラリーマンで、コンピューター関係の仕事をしている人だという。

「会うときはどうやって会うの?」と聞いた。真面目そうなこの女子生徒は、授業を休みがちとは私には思えず、彼と会う時間をどうやって作っているのだろうと不思議に思ったからだ。

私がこんなことを思っているうちに、この生徒は彼とのつきあいの様子を話し始めた。彼も自分も時間とお金がないので、会うときはいつも彼の下宿、しかもお休みの土曜、日曜に彼女が行って、料理を作ったり、洗濯をしたり、掃除をしたりしているという。そこに出かけていくときも親に「うそ」をついて出かけなければならないのが苦痛だという。

「セックスの関係はあるの?」と聞くと「ある」という。「避妊はどうしているの?」と聞くと、彼にまかせているのでわからないとのこと。私はこの状況で妊娠をしてしまうことの危険を感じ、避妊の話をし、性のことを書いてある本を見せながら説明をした。そして親に話したくないというこの生徒に、ぜひ親に話すようにと強く勧めた。一時限が過ぎ、この生徒は教室に帰って行った。

その後、一度だけ本を見に立ち寄ってから、彼女がこの問題で来室することはないまま、一回で終わってしまった。

私としては、継続したいケースであったにもかかわらず、一回で終わってしまったのはなぜだろう。後で思い返してみると、生徒が自分の心配事や悩みを話し始めた時は、私自身、確かにこの生徒の話していることをしっかり聞こうと思って聞き始めるのだが、そのうち、つい「このケースの問題点は何だろうか」とか、「そのことに対して私が何をするべきなのか」「少しでも解決するような実際的な支援は何か」ということに気持ちが動いてしまうことが原因だったのではないか。時間がなかったり、このチャンスを養護教諭として有効に生かそうとか思うあまり、自分のペースにはまってしまうし、はめてしまう。

このケースでは、私の中で「避妊」が緊急の問題になってしまい、彼との関係を不安に思っているこの生徒の気持ちをきちんと聞き取れなかったことが、相談が継続しなかった大きな原因ではなかろうかと反省している。一時限という限られた時間の中で事柄を聞き、気持ちを聞き、今いちばん問題だと、本人が思っているのは何かを把握するためには、何を伝えようとしているのかをしっかり筋道をつけながら「聞く力」を自分自身が常に磨かなければいけないと思った。

また別の見方をすれば、このケースは、あどけない丸い顔と出会い系サイトの男性との危ない関係の間のギャップに、私自身が戸惑ったともいえそうである。

この後、彼女は同じようにして知り合った別の年上男性とつき合い、ますます親との折り合いが悪くなり、家出を何度も繰り返した後、精神障害を疑われて長欠に入っている。あの時、この生徒の気持ちをもっとしっかり聞いていればと、今になって後悔している。

どんなに驚くような問題を聞いても、どんなに辛い話でも、相手の気持ちに寄り添うような聴き方・聞き方のできる養護教諭でありたい思う。

12

在学したまま結婚・出産した生徒

❖神奈川／高校養護教諭

池川　修子

健康診断で忙しい四月のある日、三年の学年主任と担任から「妊娠した女生徒がいます」と聞かされた。本校では妊娠自体珍しいことではない。不幸なことだけれど、妊娠・中絶の経過をたどる生徒は後を絶たない。しかしその生徒（ナオミ）は在学したまま結婚して出産するという。出産予定日は一一月中旬。ナオミと彼（21歳の社会人）双方の親も交えて話し合った結果、結婚と出産を認めようということになった。そのことで学校側に連絡があり、私も校長に呼ばれて意見を求められた。校長はもちろん管理職として「通学途中や校内で何かあったら」ということを気にしている。

元気すぎる子の多い学校だし、クラスの生徒くらいにはナオミのことを告げておいた方がいいのではないかなど、私は、今回のように、本人たちが出産を強く望み、家族もそれを認めて応援するという、気持ちの上でも家庭環境面でも恵まれたケースだからこそ、生徒を支え、できるだけの援助をしたい意思を伝えた。また妊娠・出産はどんなに気をつけていても「何か」は起こる時は起こりうるものだし、それは生徒だって家庭に入っている女性だって同じことだと言った。

学年および担任から体育科・生徒指導部へ話が同様に伝えられた。体育は実技なので一定の配慮はするとのこと。生徒指導部の主任と私は常日頃からよく話をしているが、妊娠については「生徒の個人的なこと」としてとらえているので今回も同様な反応だったようだ。一昔前の「他の生徒への影響云々」とうるさかった時代に比べると変わったなあと思う。

内科検診の時にナオミがクラスの生徒と一緒に保健室にやってきた。茶色のロングヘアーをおしゃれにカールさせて、もともと色白だが元気そうである。担任を通して体調に異常を感じた時は気軽に来室するように話してあったが、検診時以外は全く現れなかった。六月に婚姻届を出して彼の家での夫婦同居を始めたそうである。

夏休みが終わって九月になり、さすがにお腹が目立ってきた。登下校は母親が車で送り迎えをするようになった。それまでは制服のスカートのウェストを広げてアレンジしたもので登校してきていたが、それもきつくなって担任がはじめて職員に正式に出産することを報告した。と同時に「異装を認めて欲しい」との連絡もした。

前後して担任がホームルームでクラスの生徒にもナオミのことを話した。お腹の大きくなったナオミを見ても男子は無関心。保健室に来て、どういう意味か「気持ちわりい」と言った男子もいる。女子はおおむね好意的だった。二年生でわざわざ保健室にやってきて「あの先輩、偉いよねー。ふだんからまじめに学校を休まなければ単位ももらえるんだよね」と言う子もいた。ナオミの保護者が「他生徒に自然に知られる分には構わないが」と担任に希望したそうで、それが尊重されていた。

一〇月中旬にナオミが腹痛を訴えて来室した。彼の家は彼と兄弟と父親の男所帯で、ナオミが家事全般を引き受けているとのこと。「手を上に伸ばして洗濯物を干す時がいちばんお腹が張っちゃって」と笑っている。最近の定期検診で子宮口が開きかかっているが、もう少し赤ちゃんの体重が増えるまでこのままお腹にとどめたいと言われたそうだ。その日もお腹が張って痛いというので保健室のベッドに横になって、母親に迎えに来てもらって早退することになった。ベッドに横たわりながら「先生が赤ちゃんを産んだ時はどんなだった？　赤ちゃんは超音波で女の子だってわかっているんだ。名前もミキちゃんに決めてるの。かわいい名前でしょ」とうれしそうにしゃべっていた。

受診して一〇月中にも生まれそうだと言われ、担任は朝の打ち合わせで職員に「出産が早まりそうだ。校内でナオミに何かあったらすぐ知らせて欲しい」と連絡した。その場で他職員から

「そんなに切迫した状態なら学校に来させないように保護者を説得するべきではないか」という意見が出されたが、担任は「できるだけ登校することが本人と保護者の強い希望である。もちろん家庭とも連絡を取り合っていて絶対に無理はしないように言ってある」と答えた。

ナオミは十月下旬から学校を休み、実家で出産を待つことになった。しかし家事と学校から解放されてのんびりしだした途端にお腹の緊張もとれて、終いには「まだか、まだか」の担任やクラスメートの声の中、予定日を一週間も過ぎて女の子を出産した。

結果的に事前の計算よりも産前に休んでしまったのを気にして、産後は四週間たった頃からナオミは学校に戻ってきた。学校にいる間の赤ちゃんの世話は自分の母親にしてもらっている。二月から自由登校なので一月いっぱいは実家にいるという。欠時はぎりぎりで卒業は大丈夫のようだ。

一月末にナオミが出産後はじめて保健室に顔を出した。「育児も大変でしょ?」と話しかけると、「夜中も泣くし大変だよー。でもキレずにちゃんとやってるよ」と快活に答えた。

ナオミは妊娠中保健室にはほとんど来なかったが、担任が折に触れ、「ナオミは元気に来てますよ」と教えてくれたので、私にも様子がわかっていた。

実は五年ほど前に、在学中に生徒が出産した例があり、管理職と担任・学年主任が知るのみで厳しい箝口令が敷かれ、もちろん私も当時知らされずに、何年か後にそれを知ったということがある。「何で教えてくれなかったんですか！　何かあったらどうするんですか」と、私は知ったその場でつい、くってかかってしまった。その生徒は表向きは不登校という理由で二カ月ほど休学していて、未婚のまま産まれた子は里子に出されたとのことである。

そして先週、なんと別の学年の女子も今妊娠五カ月で、三月に結婚、六月出産予定だという。職員会議でいきなり担任から「学校は続けたいという本人と保護者の意向だが、出産後、見てくれる人が見つかっていないので、まだ何とも言えない」という話があった。校長は知っていたようだが、私は初耳だった。会議後「保健室と並べて託児室も作らなくちゃいけないね」と冗談めかして言う同僚に、何とも複雑な思いがした。

これからは特に知らされていなくても、いつもそういう生徒が校内にいるのが当然と思って対処しなくてはならないなと感じた。また、時代が変わったとはいえ、ナオミのケースを見ていると、本人・保護者の負担は相当なものであった。

三月卒業式の日、名前を呼ばれてナオミは壇上のステージに笑顔で立った。保護者席の端に、ミキちゃんを抱いた彼の姿があった。

⑬

保健部でオリジナル性教育ビデオを完成

❖神奈川／高校養護教諭　福山　志織

「やっぱり高校生役だから制服がいいかなあ？」

「男子はいいかもしれないけど、女子はミニにルーズソックス？」

「それはまずいでしょ。学校ジャージで、その代わりに学年カラーのものを着ようよ」

「あの…ボク、もういい歳なんだけど、ホントに学生役やるの？」

「主任っ、つべこべ言わずにもう腹を決めてください！」

「……はい」

撮影直前の打ち合わせは、開き直りとあきらめの気持ちが入り交じった、ハイテンションな会議になりました。時間がない中で始まった「性教育教員作成ビデオ企画」は、それぞれが家でセリフ暗記と、役柄に必要なアイテム探しをするなど、個人の負担は非常に大きかったものの、文化祭のノリのような勢いで進むことになりました。

一二月に三年生対象に性教育講座を行う予定で、ビデオ企画を立て始めたのは九月のこと。新たなことを計画すると時間がかかるということは十分承知していましたが、保健部内での企画立案・役割分担・脚本作成まではスムーズでしたが、そこから三学年会議に持っていったところで思わぬ足踏みが続くこととなりました。

保健部としては、本校の実態に合わせたものを伝えていきたいという目的を持ち、脚本の内容を「妊娠したかもしれないと心配する高校生カップルとその周りの人たちとの話」として、キャストも生徒たちに一番身近な三学年担任全員に出演依頼をしたのです。

しかし担任団からは「妊娠したかもしれない」という内容はセックスそのものを奨励することにならないか、担任が出演することで、役柄と本人がダブって、変な印象を与えてしまうのではないか等々の疑問が出たのでした。ただそれは決して後ろ向きな意見ではなく、むしろ「生徒に何を伝えたいか」ということを真剣に考えたものでした。結果として、その後とても意義深い議論を重ねることができ、保健部の脚本担当・国語科F先生による数回の書き直しを経て、担任団の意見も反映された想いの深い内容に仕上がりました（内容は「Hしたい男の子とそれに戸惑う女の子の話」になりました）。

ちなみに配役には、主人公のカップル、それぞれの友達、女の子のママ、養護の先生が必要でした。主人公の女の子役は私。三年生徒にも顔が知られているので、養護教諭役を他の先生にやってもらってでも一番の適役ではないかということで、保健部全員に推されて決まりました。

本校の性教育講座は一年近い準備期間を経て、この年（二〇〇〇年度）の四月から始まっていました。きっかけは、私が本校に着任した三年前のことです。

転勤早々、妊娠・性感染症・レイプまがいのセックスなど、性に関するさまざまな相談が相次ぎ、ショックで落ち込む日々が続きました。あまりにも無知な生徒たち相手に、一人保健室で奮闘しても相談件数はいっこうに減りません。悩んだ末、着任当初からいつも相談にのってもらい頼りにしていた当時教務主任のM先生に「この現状を何とかするためにホームルームで集団指導をしてみたい」と一年目の冬、思い切って話してみました。

するとM先生は「このことは学校全体で考えるべき問題で、今後うちの学校で継続的に実施していきたい大事な内容だと思うから、総合学習に位置づけて考えた方がよい」と助言されました。その言葉がきっかけとなり、本校で、養護教諭の専売特許ではない、学校全体の協力体制のもとで「総合学習・性教育講座」を設定するに至りました。

新年度、委員長M先生を中心として発足した試行委員会に私も有志として加わり、性教育講座を総合学習に位置付けるためのスタッフになりました。性教育講座の実際の細案を立てることになったのは保健部の六名。私が出す原案を全職員に提案できる内容にするため、何度も保健部会議を開きました。ただその間にも「(元気な) 保健部のノリだけでやってるんじゃないか」「価値観なども人によって違うのに、どんな性教育をするのか」「みんな忙しいのに性教育をここまで労力をかけてやる意味が本当にあるのか」などと、幾つかの厳しい意見があったのも事実です。

しかし、性教育講座は一学期から予定どおりスタートすることができました。第一回は一学年を対象に (二クラス同時展開二時間)、保健部男性教員と私でティームティーチング。第二回は保健所所長による講演で、夏休み前の心構えを話していただきました。

そして二学期、三年生対象の講座は、一年生実施時の反省から、「一クラスずつ実施する」「担任ももっと関わる」「生徒自身が考える場にしたい」と考え、しかも視覚的なインパクトをねらって、「オリジナルの性教育ビデオを作って生徒に見せよう」という案が飛び出したのでした。

撮影は期末テスト中の放課後二日間という、超過密スケジュールの中で行いました。学期末のこの時期、全員が時間を空けるのは非常に厳しかったのですが、なんとか初日に「男友達の会話」「女友達の会話」「ママと私の会話」「私が他校友人と電話をする場面」を撮影。二日目には「女の子たちが養護の先生に相談するところ」「恋人同士の会話」を無事撮り終えました。

放課後いそいそと学校ジャージに着替えて撮影のため校内をウロウロする保健部職員を見て、

何人もの先生たちが激励（時に冗談まじりのひやかし）の声をかけてくれました。特に昇降口「恋人同士の会話」のシーンは職員室前の廊下から覗けるということで、校長をはじめ何人ものギャラリーが集まりました。恥ずかしいやら、でもたくさんの教員が気にかけてくれている嬉しさを感じながら、出演者全員頑張って演技をしました。アドリブ連発、しかもだいたい三〜五回でOKにしてしまうというアバウトさも素人っぽくて、楽しかったです。

保健部主任K先生（四〇代後半）の男子学生役は非常にたどたどしく、ジャージを着ても決して高校生には見えないのですが、実はそういうところが生徒たちにも好評のようでした。ママ役のK先生は家で編んでいるマフラーを小道具として使い現実感を醸し出し、主人公の男の子役のF先生（三〇代半ば）は、今時のニット帽をかぶり若者っぽくなりました。たまたま私と、女友達役のT先生は本校唯一の二〇代の教員でしたので、学校ジャージを女子生徒から借りて二人ノリノリで地のままでおしゃべりするといった感覚でした。養護教諭役はI先生にお願いしましたが、担当が理科だけに日頃から見慣れてる白衣姿に生徒たちもあまり違和感がないようでした。

さて強行軍の二日間でしたが、無事撮影が終わり、いよいよ監督兼カメラマン兼編集係となったS先生の腕の見せ所です。S先生は初めての子どもが産まれたばかりで、そのためにビデオ編集ソフトを購入したということでした（なんという幸運なタイミング!!）。こだわり屋の性格も手伝い、結局作業は一週間かかりました。というのも、学校全体の試写会で、一般の先生方から「本当にこれで大丈夫？」「ただの冷やかしで終わらない？」「生徒に真意が伝わるかなあ？」などといろいろな感想が出され、その後の保健部での試写会でも「目標が明確になるように文字は入る？」「大事な言葉はテレビであるようなテロップにならない？」「音楽は今流行のがいいな」などと注文が続出したからでした。

最終版完成はなんと当日の朝。保健部もぎりぎり直前に目を通すことができ、でもその出来映えに全員大満足、自画自賛しつつ授業本番を迎えました。

性教育講座第二回目（注・二学期に二時間を確保し、第一回目は私が授業を行いました）の授業担当は各クラスの担任でした。まず最初に、第一回の知識の確認や、今この時期に性教育を行う目的をそれぞれの持ち味で話され、生徒たちも耳を傾ける様子が見て取れました。そしていよいよビデオ上映というところで、どの担任も保健部のこの講座に対する想いを代弁してくれるかのように、熱くおもしろく語ってくれました。六人六様それは素晴らしい導入でした。

さて当時の高視聴率ドラマの主題歌で始まったビデオは、いつも見慣れている本校の風景がいきなり映し出されたため、出だしこそざわつきましたが、それもすぐにおさまり「次はどう展開するのか？」といった興味から、生徒たちは自然に集中し始めました。ドキドキしながら生徒の様子を見ていた保健部メンバーでしたが、最後の大きな拍手と担任の心のこもったコメントに一様にホッとしました。

ビデオを見終わったあとたくさんの生徒から「カズ（F先生の役名）元気?」「保健室のシーンって、先生には私たちがあんな風に見えるんだね」「ジャージ姿、サイッコー!」などと声をかけられました。出演した先生方もそれぞれにやはり生徒たちに話しかけられたそうです。

これがきっかけとなり、あまり保健室に来なかった生徒たちも性の話をしに来るようになり、相談件数も増えました。保健室は日頃言い出しにくい性の悩みや、相談事が話せる場所であるとアピールすることもできたんだなあと、その時あらためて認識しました。

数多くの先生方の大きな協力が得られ、またさまざまなラッキーも重なり、結果としてビデオは「生徒の心に響くもの」ができたのではないかと感じています。何度も挫折しそうになりながらもこうして教材の一つとして完成することができて、今とても満足しています。最後に、生徒アンケートの言葉を載せて、生徒たちにどんな風に伝わったか見ていただきたいと思います。

〔生徒アンケートより一部抜粋〕

▼最初すごく嫌だったけど、自分にとってタメになることですごくよかった。▼はじめは「今さら」って思ったけど、「今だからこそ」って思った。▼やっぱりみんな無知なので社会に出る前に

性教育を受けてとてもよかった。▼ビデオはすごかった。先生達の演技はなかなかだった。▼私たちの立場に立って作ってあってわかりやすかった。日常に存在してそう。▼私たちの知らないところで先生たちが一生懸命頑張っているのがわかり感動した。▼うちの先生は変な人が多い。でも愛情を受け取ったよ。Thank Youです‼

第5章

心を病む生徒と向き合って

※「神経性頻尿」の背景に何があったか　※拒食症の綾子が訴えたかったことは

※成績トップクラス生徒の拒食　※拒食で逝った生徒のこと

※父から性的虐待を受けていた生徒

14

「神経性頻尿」の背景に何があったか

❖神奈川／高校養護教諭　高橋　智子

❑教室で

あゆみさんは、「なぜか緊張して心臓のどきどきが止まらない」と言って教室から保健室へ。一年生が授業中に教室を出て来るのは本校ではよほどのこと。自由な校風といわれていても、生徒の意識には「授業についていけなくなる…」がある。

二年生になり同様の訴えで来室することが多くなり、さまざまの不安や心配を話すがベッドに行くことはなく、生活習慣は整っていて睡眠や食事などの問題はない。時折、心配した友達が様子を見に来てくれ、優しい気づかいのある関係であることがうかがえた。

「教室に行く勇気がない、授業中トイレに行きたくなったらどうしよう」。そんな言葉が聞かれ始めたのは二年一学期の終わり頃。泌尿器科を受診したが、異常はなかった。神経性の頻尿について話すと、数日後には自ら精神科へ。診断は「神経性頻尿」。精神科では薬のほかにカウンセリングを受けることを希望していた。

「精神科のお医者さんって、『どお？』って言うだけ、カウンセラーさんの方がまだ役に立ってる感じがする」

受診の感想を、病院探検でもしてきたかのようにくったくのない笑顔で話す。

❏家庭で

あゆみさんの緊張は家庭にもあるらしかった。ＰＴＡの会合に愛想よく出かけて行く反面、家ではその愚痴や悪口を言う母に、あゆみさんは不信感を抱いていた。また単身赴任先から週末、家に帰る父は、家の掃除が行き届いていないなど、細かいことで母を責めたり、学校の成績が不十分であるという理由から、あゆみさんの勉強を監視して外出を制限したりした。

あゆみさんの家庭は祖父母に高学歴者がいることなどから学歴に対して当然のような期待や要求が暗黙のうちにあると、あゆみさんは感じていた。家族の中では弟とだけは何となくわかり合える気がしていた。週末は野球チームの練習を口実に、父からうまく逃れる弟の器用さを羨ましく思いながらも「お姉ちゃん」と慕ってくれるので気が休まるという。週明けは保健室で涙をぽろぽろ流して父と過ごした休日の苦しさを語り、週末になると父が帰ってくる不安と息苦しさを訴えていた。

父との関係に暴力があることがわかったのは二学期に入ってから。背中を蹴る、頭を叩く、腕をつかんで大声で怒鳴る。自分が一人では何もできなくて、子どもの頃のままだから同じように躾されているんだと感じていた。

あゆみさんのお母さんとは精神科の受診をきっかけに電話で話をする機会があった。ていねいな言葉づかいの奥に「家庭に立ち入られたくない」という感じが伝わってきて、深い話にはならないまま、本人との関係だけが続いた。がしかし、友達とのやりとりや、ありったけの思いを保健室でぶつけることができているあゆみさんをそばにして、私は「あゆみさんは必ず成長の力を貯えて親を乗り越える時がくる」――そんな確信と見通しを持つことができていた。

❏成長のきざし

三学期には週三回のアルバイトをコンビニで始めた。社会との接点を経験する中でさまざまな人に出会い、役割と責任を与えられ、自分にできること、できないことを知り、働くことを通して自信をつけていく成長が感じられた。彼氏と呼ぶ存在も同じ学校にできた。本人いわく「悩み」というのろけの聞き役になることも、私には成長の喜びに思えた。

三年生になり、その「悩み」を聞かされることも減り、あゆみさんの関心はボーイフレンドから次第に進路の実現に変わっていった。「お互いの勉強をじゃましない」という二人の約束は守られ、減っていくメールの回数を自然に受けとめている様子がうかがえた。

久し振りに来室したのは三年の二学期半ば。「受験の席が列の真ん中だったらどうしよう、受験中にトイレへ行かせてもらえるのだろうか、はしっこの席だったらいいのに…」

いよいよ受験の大詰めで不安にかられた様子を話しつつ、父親に勇気を振りしぼって「お父さんのは躾じゃなくて暴力、虐待じゃない！」と言い返したことや、その時のギクッと固まった父親の表情を見た時、「もう怖くない」と直感したことなどを週末の出来事として報告してくれた。

❑巣立つ

保健室登校といってもいいほど通った日々が嘘のように三年の三学期には、パタリと姿を見せなくなり、偶然に校舎で顔を会わせることがあっても、少しだけはにかんで通り過ぎていく。あゆみさんの中で保健室はだんだん小さくなって、そのまま言葉を交わすこともなく卒業していった。第一希望の大学に合格したことを後で担任の先生に聞くと、「あんなにお世話になったのに」と申し訳なさそうに頭を掻いた。巣立ちゆく者の勢いである。あゆみさんは振り向きもせず、空っぽの巣を保健室に残して出て行ったのである。

⑮

拒食症の綾子が訴えたかったことは

❖神奈川／高校養護教諭　宮地　しずか

三年生の綾子は、幼い頃からアトピーのため、アレルギー専門病院に通院し、治療を続けていた。小学校時代は入退院を繰り返し、中学校ではいじめにもあっていた。高校入学が決まり、合格者説明会の後、父と綾子は保健室に寄ってくれた。

「これから娘のことで、いろいろとご迷惑をおかけしますが、よろしくお願いします」

スーツがビシッと決まり、ビジネスバッグを持った父親は何度も繰り返して言った。綾子は上目づかいに私をチラチラと見ていた。

入学して、一学期中はよく来室していた。「先生は、何時まで保健室にいるの？」「今日の営業時間は五時かな」「もっと居て、いろんな話しよう。先生の子どもになりたいな」

クラスになじめず、友達もまだあまりいないのかなと思うだけで、新学期はよくあることだと、その時は気にもとめなかった。その後、友達と何回か来室したが、私に話しかけることもなく、視線を合わせることもなかった。全身がかゆくなり、技能室のシャワーを利用したいと数回来室したぐらいなので、特に印象に残った出来事はない。

❏ちぐはぐな両親の対応

三年生になった五月上旬、綾子は自転車で登校中交通事故（頭部打撲）に遭い、一週間ほど入院した。その時、四四キロ（身長一五八センチ）あった体重が五〇キロになった。制服のスカートがきつくなっていたのをとても気にしていたらしいが、外見では特に変わっているように見えなかった。

七月上旬、期末試験終了直後の一校時目、「体調が悪いのでベッドで休みたい。三校時の体育は出席日数があぶないから出なくちゃいけない。時間になったら起こして」と来室した。まっすぐ立っているのも大変そうだった。結局ベッドから起きあがることも、授業に出席することもできなかった。

二カ月前に会った彼女とは別人のように痩せていた。この時点では何キロになっているのかわからなかったが、やけに四肢の関節ばかりが目立っていた。たまたま保健室にいた教員（当時、摂食障害の生徒の担任で、生徒は入学後二カ月で亡くなった）と顔を見合わせ、言葉も出なかった。あの悲しい出来事が頭をよぎった。二度と同じ経験はしたくない、なんとかしなきゃ、どうしよう…。

翌日、母親からはじめての電話があった。「娘が痩せてきたようなので、保健の先生から食べるように言ってください」

それから毎日のように電話があった。母親もどうして良いのかわからないようだった。母親の話から、綾子は食べたものを毎回メモして一五〇〇カロリーになるようにしている。でもこんにゃくやしいたけばかりでカロリーになるのだろうか。夜中に冷蔵庫を開け、時どき砂糖をなめ、痩せ薬も飲んでいる。体調が悪いのに毎日、アルバイトに行っているとのこと。

父親は「体調が悪くても学校に行くのは当たり前なのだから、這ってでも行きなさい」と、職場から家に電話をかけてきたり、「食べれば治るんだから食べさせなさい」と母親に言うだけらしい。

母親に「綾子さんが受診するようにしてほしい、保護者の付き添いがあると安心して行けると思う」と病院を勧めても、「自分は体調が悪いのでついていけない」という言葉で終わってしまう。夫婦で話し合うよう勧めるが、「家庭内離婚かな」と思ってしまうくらい両親の話はちぐはぐで、一向に受診しない。そのうち夏休みに入ってしまった。休み中もアルバイト、学校見学にと、かなり忙しく行動していたようだった。

❏一日も早く専門医の受診を

新学期早々に数人の教員から連絡が入った。

「さらに痩せている。あのままじゃ死んじゃうよ！」

そういえば、今までも担任から彼女についての連絡は一度もなかったなあ。担任は、綾子が痩せてきた頃から、顔を見ないようにしてきたと言ったので、びっくりして思わず聞き返してしまった。「今何て言ったの？」。朝と帰りのホームルームで、生徒の顔ぐらい見てほしい。あれだけ痩せてきたら誰だって病的だと思うのだけれど、綾子のことを避けているような気がしてならない。

再び、母親からの電話が始まった。さらに痩せてきて生理もないし、何キロになったのか心配だが、綾子が怒るので聞くこともできないでいる。病院に受診するよう勧めても母親が行けない理由ばかり。仕方なく、保健所に連絡するよう勧めた。すぐに母親は連絡をとったらしい。

「娘は、摂食障害であるとともに認知障害でもあると言われ、病院を紹介してくれました。でも精神科なので娘には言えません。主人も食べれば治るから、そんなところに行かなくていいと言っています。今は生理がないので婦人科に行かせます」

それからしばらくして産婦人科に受診した。「結果は聞いていません」と、いつも他人事のように話す母親。心配ではないのだろうか？　病院に電話をして聞いたところ、三二キロでホルモン注射をしばらく続けることになった。まもなく生理はあったものの、今度は貧血でふらふらになり来室した。

今までに何回電話のやり取りがあっただろう。一日も早く専門医を受診しなければならない。夫婦の話し合いはまったくできない家庭であることがわかってきた。母親だけでは話が進まない。両親それぞれに担任や教頭からも電話をかけてもらったが、話は進まなかった。どうしたらいいのだろう。

❏校医からの説得

生徒に何かあった時、中心になって動くのはやはり担任ではないだろうか。しかし今回の場合、できれば関わりたくないという感じを受けたし、父親に連絡しても事務的な対応だった。早くしないと命が危ない。教頭からの勧めもあり、学校医（内科）に相談し、協力をお願いすることにした。校医は「私は精神科専門医ではありませんが、この問題は本人よりも家庭・家族の問題が大きいようです。いつ来てもいいですよ。健康についてならいくらでも話せるし、紹介状も書きますよ」と、言ってくれた。やっと糸口が見えてきたような気がする。

一〇月上旬、綾子と保護者に、短大の推薦入学に必要な健康相談を学校医の病院で受けてほしいと言うと、とても敏感に反応した。学校医も「今日受診します」という保護者の突然の連絡にもいやな顔もせず、時間をかけて専門医を受診するよう説明をしてくれた。母親はひとり娘の入学式、卒業式、懇談会などには出席していないようだったが、今回は絶対母親も同席するよう強くお願いした。私も同席させてもらい、五者面談となった。受診について綾子は相当嫌がっていたが、校医に説得されて、「一回だけなら」となり、総合病院に受診することになった。

父親は今まで、毎日のように食べろ食べろと言っては、仕事帰りに食べ物を買って来て母親に渡していたそうだ。綾子は「いつも忙しいお父さんが会社を午前中休んでくれて、お母さんも体調が悪いのに電車を乗り継いで来てくれてうれしかった」と、数日してから言った。

この頃になると、気温も低くなり、体力・体温維持がかなり難しくなってきた。このまま意識がなくなってしまうのではないかと思うこともしばしばあった。登下校がきつくなり、「友達と一緒に帰りたいと思うけれど、ゆっくりしか歩けないの。おばあちゃんのようだ」と嘆いていた。帰りは私が駅まで送って行くことが多くなった。時には家まで送った教員もいた。

❑あと数日遅かったら

一〇月下旬、総合病院を受診、私も付き添わせてもらった。両親と綾子は別々に長い時間問診があった。しかし、病室がいっぱいなのでしばらく通院し、「ベッドに空きが出たら入院してください」と言われてしまった。でも今日は入院しないと、彼女はまたがんばって通学してしまう。

この時すでに二七キロになっていた。私は強くその日の入院をお願いした。

「患者さんの中には入院と決まった時、暴れてしまったり怒って帰ってしまう人がいます。綾子さんにはその力もなく、気力だけで通学していたのでしょう」と、医者はわかってくれた。父親は入院の手続をした後、検査結果も聞かずに、「仕事があるので」と言って帰ってしまった。

診察室から病棟に行く途中、私と綾子は手をつないで歩いていたが、待合室にいる人たちの視線をかなり強く感じた。大柄で体格の良すぎる私と、やせ細ってしまった綾子の体があまりにも対照的に見えたのだと思う。

検査の結果、予想以上に肝臓の数値が悪かった。「長い間栄養が取れない人でもこれほど数値が低くはならない。入院したからといって安心できない。治療の途中で逆に数値が悪くなる時もある。あと二、三日遅かったら命が危なかったかも知れない。今日入院して良かった」と、医者に言われた母親は、体が震えていた。

一月上旬、開放病棟から閉鎖病棟に移ったり、鼻から栄養を摂るようになった時期もあった。体調が元に戻るのにはこれからかなりの時間が必要になるだろう。交通事故で入院した時一度も面会に行かなかった母親も「一緒に面会に行きましょう」と、誘えば行ってくれるようになった。その後は一人で数回面会に行ったようだ。母親よりも面会の回数が多い私の出張旅費はかなりの額になってしまった（面会は原則として肉親だけだったので、私も面会できるよう主治医にお願いをした）。

父親は、「娘が痩せてきたのはいつも一緒にいる母親の責任」「学校はどんな事情があっても必ず行くもの」「短大には絶対行きなさい」という考えはこの段階でも変わっていない。入院していても、「両親も綾子も進路のことがどうしても頭から離れないようだ。「病院で勉強しようとすると、止めさせるんですよ。変ですよね」と父親が言う。それに従うように母親も綾子も同じことを言う。

結局、この時の入院は三カ月半。その間、私は綾子から「入院生活の中でいろいろなことを考えさせられ、今までの自分を見つめ直すきっかけになった。体重はあの頃に比べ一〇キロ増え、体だけでなく、心も強くなった気がする」という手紙をもらった。

❑短大進学後の入院

卒業後、綾子は指定校推薦であこがれの短大に入学した。しばらくして近況を伝える手紙をもらって安心していたのだが、その後、久しぶりに母親から電話があった。聞くと、綾子は三一キロになっているという。うかつにも、連絡のないのは元気な証拠と思っていた私だった。その後、綾子から電話。「明日あの病院に入院します。怖いんです。本当は今日だったんだけど、一日待ってもらいました。自分で納得してから入院したかったの」という彼女の声は聞き取れないほど小さく弱々しかった。

九月中旬、入院して一カ月くらい過ぎた時、面会に行った。「食べていればこんなことにならなかったのに。でも今回また入院になったことで、お父さんといっぱい話をしたの。今までのこと、これからのこと、家族のこと、二人で抱き合って泣いちゃった」といった顔はとても明るい。

「今までよりは、多くのことを話せるようになったのね」

「そうなの、でもけんかもあるんだ」

「小さい時のようにいい関係になったじゃん」

「うん、またお父さん、大好きになった」

面会中、最上階にある展望室に行き、街中を二人でぼーっと眺めた。彼女がふだんの生活に戻った時、入院中の今のようにのんびりゆっくり過ごせるといいなあと思いながら、落ち着いた時間が流れていった。

二回目の入院期間は一カ月半だった。退院の前日に彼女から電話があった。

「手紙届きました。いろいろ心配してくれてありがとう。明日退院します。学校も少しずつ行こうと思っているの。今度デートしてね」

彼女は退院の翌日から毎日通学し、全授業に出席しているらしい。がんばる気持ちもわかるけれど、無理しないでほしいなあ。

痩せてしまった綾子を見た時、前任校で関わりはじめた矢先に亡くなってしまった玲子とだぶった。早く専門医に受診しないと命が危ないと思う気持ちが先にたち、うまく連絡調整ができなかったため、受診するまでかなり時間が経ってしまった。

綾子は自分の思いを周りの人たちにうまく表現できず、拒食となることで伝えようとしたのかもしれない。しかし、父親は食べることができない綾子の気持ちをどうしても理解できず、娘の進路が決まる大事な時に、なぜ入院しなければならないのかという疑問も持ちつづけていた。そして病院の治療方針にも疑問を持っていた。

母親は自分の思いを家族に話すこともなく、父親に従うだけだった。綾子自身も主治医に心を開くことを最後までしなかったし、私にもどこまで本当のことを話していたのかわからない。綾子の症状や行動が意味することについて、もっとていねいに説明し、家族の不安や担任の戸惑いに答えていく必要があった。養護教諭として、自らの知識不足、経験不足を痛感させられた事例であった。

⑯

成績トップクラス生徒の拒食

❖神奈川／高校養護教諭　沢木　波子

四月一五日（土）身体計測の日。三学年のある担任から、クラスのKさんについて話があった。「Kさんは一年生のとき教科担当をしていた。二年生のときは授業担当もなく接する機会がなかったが、今年担任になってやせていてびっくりした。手も筋張ってごつごつしていて心配だ」という内容であった。

計測したばかりの結果を見ると、身長一五八・八㎝で、体重が一年生五〇・二㎏、二年生四七・五㎏、三年生三九・四㎏であり、私は面接の必要を感じ、担任にそう話した。

そんなやりとりを交わした直後、女子生徒が保健室の前をうろうろしているので呼び入れた。どうしたのと尋ねると、「体重が去年から七㎏も減りました」と涙ぐみながら話し始めた。名前を聞いてKさんだとわかり驚いた。担任と話したときに入学時の写真を見て顔を確認していたのだが、髪型も雰囲気も大きく変わっていたため本人とは気づかなかったのである。

「一年生の時の体重は中三の春休みにちょっと太っていた結果で、二年生の体重が本来のものだと思う。それが今年はこんなに減っていてびっくりした。ダイエットは、みんなのお弁当が小さいから自分も真似しようと思って始めた。肉も控えるようにした。最初は意識してそうしていたが、今は意識しなくてもそれが続いている感じ。父は単身赴任中だが、週末には戻る。朝・夕食は祖母、母、兄、自分の全員で食べている。母との軋轢もない。生理は不順で、三〜四カ月おいてくる感じだったので、一度病院へ行って薬をもらったら順調になったが、最近またこない。母はその病院にいっしょに行ったので、体重減のことを知っている。手のごつごつはしもやけで、小さい頃からなっている。体重減がきっかけではない。母も同じようで、体質が似たと思う。夜は一二時に寝て、朝は七時に起きる。お風呂の後にプリンや果物も食べている。嘔吐はしない」

というような話を聞いた。

私は「彼女は体重減に自らショックを受けていて自分から相談に来たし、体重もまだぎりぎり許せそうだから、今すぐ病院に行かなくてもいいかもしれない」と考えた。そして、本人と話し合って「お弁当を前の大きさに戻す」「お肉を食べるようにする」「婦人科を再受診する」の三点を決め、後日会う約束をした。

五月二九日。中間試験の直後。

昼休みの面接で「肉を食べても特に苦にならないし、お弁当も今までの倍くらいの量にした。体重は増えて四一kgまでになった。でも、中間試験で夜遅くまで勉強していて空腹を感じても寝るからいいか…と食べないでいたら、また四〇kgを切ってしまった。でも、身を削っているような感じはなくて、周りのみんなも三年の一学期は頑張ると一生懸命だったので、自分もそれに乗って今までより頑張ったと思う。試験が終わったからまた食生活に気をつける」ということを、前回よりも元気な雰囲気で話してくれた。特に新しい指示はせず面接を終えた。

三年生の一学期の成績は推薦入試を考えている生徒にとっては非常に重要なため、必死になって勉強する者が多い。彼女もその一人かもしれないが、それが苦にならない姿勢にかえって不安を感じた。

七月。職員室でKさんのことが話題になったとき、英語の教科担当者の話が気になった。

「あの子は水も漏らさぬ態度で授業に臨み、試験をすると、その解答は僕の作った模範解答と助詞まで全く同じで、満点か一箇所間違えるだけ。週一回行う小テストはすべて満点。授業で僕がちょっとでも違うことやら、冗談を言おうものなら、そのまますべて覚えてしまいそうな勢いで、変なことは言えないと緊張してしまう」

わたしは、この言葉を聞いて受診を勧めた方がよいと確信し、担任と話し合った。担任は以前から受診を勧めたいと思っていたらしく、今は何かに駆り立てられるように勉強を完璧にやっているが、それがずっと続くとは思えず、いつその糸が切れるかわからない。もし、過食が始まれば大パニックに陥るだろう。そうなる前に受診を勧めようと結論を出した。

七月二三日。担任と一緒に親の来るのを少し不安な気持ちで待った。前日に母親から電話があり、父親も同席していいかと聞かれた。拒食は家庭環境が発祥の原因となることも多く、その際には家庭内で大きな位置を占める母親と深い話が必要になる。父親がいると話しづらくなるかもしれないので少し迷ったが、電話でうまく言えず、「どうぞ」と答えてしまった。だから両親で来ることはわかっていた。だが、その後ろにもう一人…なんと本人も来てしまった。一人だけ席を外させることもできず、五人での話し合いとなった。動揺する私と担任、でも表には出せない。話も表面上のことや一般論的なことに終始し、彼女の具体的な行動もあまり話せないため、説得性が低かった。

父親は小太りであったが、母親はやせた華奢な体だった。Ｋさんが母親似の体つきだとしたら、今の体格でも不思議はないのかもしれない、とも思えた。両親ともに終始冷静で、全面的に娘に信頼を置いているという雰囲気があり、こちらが一般論的な話をしている間も、頭の中は「うちの娘はそうじゃない」と繰り返されているように感じられた。しかし、結果的には特別な反論も抵抗もなく受診に同意してくれ、面接を終えることができた。

まさか本人が来るとは思わず、親だけでと念を押さなかったのが失敗の第一で、踏み込み不足の切実感のない話になってしまい、本当に納得してくれたか疑問が残ると担任と話し合った。

翌日、私がまず病院に電話を入れることになっていたが、私の出勤よりも早く母親から私宛の電話があった。折り返し電話すると、「もう少し様子を見ることにして、今は受診を控えたい」という内容だった。電話の側にいた担任もがっかりしていた。その後、担任は、Kさんが夏期講習のために家を出た時刻を見計らって母親に電話を入れ、昨日の話で伝わらなかった部分を補ってくれたのだが、結局受診には至らなかった。


Kさんは成績はトップクラスで、一〇月には某有名私大の指定校推薦に合格した。その後の授業や試験も全く手を抜くことなく、英語の小テストはずっと満点が続き、他の教科も満点か、ほんの少しのミスのみという状態だった。ただ、私と廊下ですれ違っても、視線は合わなくなった。嫌われてしまったのだ。勇気を出してこちらから声をかけても、はかばかしい返事は返ってこなかった。

卒業式の日、Kさんは珍しくおしゃれをして髪の毛をカールさせていた。自由登校が二カ月間あったため、久々に見た彼女はやせが進行しているようだった。級友たちが遠巻きに「大丈夫かしら」とささやいていた言葉と、担任の「大学の保健センターの人が気づいてくれることを祈りましょう」と言った言葉が印象に残っている。

卒業後のＫさんの動向は担任でさえつかめていない。ほとんど友人がいなかったので、級友を通したうわささえ聞こえてこないという。

⑰

拒食で逝った生徒のこと

❖神奈川／高校養護教諭　白川　まり子

この事例は、あまりにもショッキングだったため、メモ程度に書きとめていただけで、まとめてみようとの思いに至るまでに五年かかった。そのため、当時の担任と何回か話し合いを持ち、当時を振り返りながら書いたもので、経過の中で見落としている個所が多々あるものと思われる。

▼家族構成＝父・母・兄・姉・本人。
▼性格＝きちんとしていてまじめ、本校では優等生、短大進学を希望。
▼健康診断時の体重＝15歳44・5kg。16歳48・5kg。17歳33・0kg（身長＝159・5cm）。
三月、担任より次第にやせてきて気になる生徒（二年生）がいるので、面談して欲しいと相談があった。終業式直前、保健室に本人来室（担任が保健室へ行くよう指示）。

〔三月中旬〕夏休みからのダイエット

二年の夏休み、友達とやせるためにダイエットを始めた。当時、アルバイトをしていたので不規則な食生活をしていても、家の人にはばれなかった。友達は途中で断念したが、自分だけは継続、気づいたときは四〇kgになっていた。その結果、食べられなくなり、今でも少しずつやせていく状態が続いている。今は三五kgだが、理想は四〇kg。春休みは母と鎌倉へ行こうと話しているが、計画は自分で立てなさいと母親に言われている。

食べられない日が続き、もっともっとやせていくかもしれないとの私の心配をよそに、やせてきたことは認めたにしても元気で不便はないのだからと言い張るばかりである。これ以上面接を続けても今以上のことを聞き出すのは無理だと判断、それより彼女との人間関係が保てなくなるかもしれないとの不安にかられ、適当な時間で話を切り上げた。春休みが終わったらまた訪れると言って別れた。

五月。担任が替わる。引き継いだ生徒は今でも日増しにやせているので話してもらえないかと相談あり。この症状は、本人だけの問題ではなく、本人を取り巻く環境、特に家族の関わりが大切だと考え、家族と話せる機会があればK子のことをどのように捉えているか知りたいので、保護者面談の機会を捉えてぜひ話ができるように設定して欲しいと担任にお願いをする。

〔六月初旬〕母親との面談

母親とK子と保健室で面談。家での食事の様子を聞き、このまま食べられない状態が続くと最悪の場合は死に至ること、そのため、できれば専門医に診てもらって欲しい旨、話をする。

母親の見ている前では、無理をしても食べていること、また母親も、三回の食事をできるだけ一緒に食べるように心がけていて、食べた物は記録させているとのこと。夏休みまでこのような体重減少が続くようであれば病院に入院させたいと考えていることなど、本人に問いかけない限り、一方的に母親の話で終わる。

目の前で「他の兄姉より一番健康に生んであげたのにどうして自分で自分をこんなに不健康にしていくのかわからない。こんなに心配してあなたのことを思って食べなさいと言っているのに」と、たびたびK子の方を向いて言い聞かせる。本人の言葉で、本人の話をもっと聞きたかったが、母親の一方的な話で終わり、本当のK子の思いがつかめなかった。

どこでもいいからK子の病的心理を理解してもらえるところがあればと思い、病院受診を勧めようと、話題を受診に結びつけようとしたが、母親は話をそらせてしまって、受診させるのはかなり手ごわいなと感じた。そこで私たちができることと言えば、K子の気持ちをもっとゆっくり時間をとって聞くことしか思いつかず、とりあえずきっかけ作りにどんな物をどの程度食べられたか記録して、二人で食生活をもう一度見直してみようと話を持ちかけた。「一週間程度のノートがとれたら見せに来てね」と約束する。基本的にまじめな生徒なので、授業をサボらせることなど難しいと考え、授業のない時、球技大会あたりがいいかもと、次回の約束を取り別れる。

〔六月中旬〕入院・受診は拒否

「母親に一八単位、最低摂取するよう言われている。しかしそれに満たない日がほとんどで、一週間のうち一日だけ一八単位に到達した日がある。この頃体重は三〇kg。病院に入院しても、今家で食べられない状態なのに、まずい病院食が食べられるようになるとは思えない。入院は絶対嫌だと思っている」と本人。

私には、一八単位などどうでもよく（注・この一八単位は何を基準にしているのか、私にはわからない）、体重が三〇kgになったことの方が心配であった。また、入院は絶対嫌だということは同時に病院受診も絶対嫌だということで、受診を完全に拒否されたものと受け取るしかなかった。受診の件については、家族の同意が得られなければ動けないとの一線を崩すわけにはいかず、本人との面談のことを母親に伝えてもらい、会話の中でチャンスを見つけて、受診のことを話してもらうよう、担任にお願いをした。

＊担任の感想――（担任が母親に電話をする）母親は担任に対しては非常に防御的で、ただ「食べています」と、昨夜の献立を羅列するのみ。受診のことなど話せるチャンスもなかったし、話されないように防衛していたようだ。

＊クラスの友人たちの報告――身近にいる友達に、K子の昼食時の様子が知りたいので、教えて欲しいと頼んでおいた。その生徒たちがお弁当を食べるK子の姿を報告。ご飯一口を一〇分くらいかかって食べ、それで終わり。飲み物は甘いものは一切なし、ウーロン茶のみ。

改めてほとんど食べておらず、本人の話と違っていることを、担任とともに確認をした。

〔七月下旬〕体重は二八・五kgに

古典の補習のため登校しているのを見つけた。父親が車で迎えに来るまで一人で自習している姿を見つけチャンスだと思い、話をする。（この頃、暑いせいか登校するのがやっとの状態。従って父親の送り迎えつき。）

「最近は決めたとおりに食べている、古典の補習は友人と二人で申し込みをしたが、相手は欠席していて先生に申し訳ない。そのため自分一人だけでも必ず出席するようにしている。また暑く登校が大変なため、ほとんど毎日父親の送り迎えで乗り切っている。体重二八・五kg。」

この頃は、見るからに急にやせた様子がわかり、筋肉が削げ落ち、手足の関節部分が異様に膨らんで見える。校内ですれ違う職員も全員がこの異常さに気づくほどで、職員室では誰もが「ぜひ受診をさせるべき」との話題でもちきりとなった。

この一カ月半の間に一・五kgも体重減少があり、かなりからだが弱っていることが私の目にもわかった。この状態が進行すれば、低血糖による意識障害が起こり、倒れるような事態になるかもしれないと不安になった。しかしこのことは、親にことの重大さに気づいてもらういいチャンスになるかもしれないとの思いも頭の中をよぎった。

〔八月初旬〕なぜ母親はわかってくれない

母親に電話で体重が三〇kgを割っていて、内臓が弱っている恐れがあるため、ぜひ専門医を受診するようすすめる。「受診してくれ」と願う気持ちで電話をした。

母親との話では、毎日、苦痛になるくらい食事に気をつけ、食事を摂るにはどうしたらよいのか、今本人と話していたところである。一口ずつではあるが、母親の見ている前では食べている。ただし話の内容は食事のことだけで、受診の話には触れようとしない。誰が見てもこのやせ方は正常じゃないとわかるくらいになったK子に向かって、食事の話だけですむのか、もっと親としてやるべきことがないのか、普通の神経では考えられないことだと思った。K子は、体を張って自分の苦しみを精いっぱい母親にぶつけているのに、なぜわかろうとしないのか腹立たしかった。

＊担任の思い――この状態をどう解釈すればよいのかわからない。経済的に大変なのかもしれない。あるいは今の症状をそれほど危機感として捉えていないと、我々なりに解釈しなければ、自分自身の今の気持ちを納得させることができない。早く病院へ、というこちらの気持ちもわかってもらえないし、まして、親も受診すべきではないかなどと到底言える様子ではない。

〔九月初旬〕病院から聞いたこと

始業式。母親に病院に受診したのかを尋ねることが目的で、電話をする。

「夏休み中は本人の心がけが違って、割合食べるようになったと思う。そのおかげか体重は減少していない。しかし運動は無理だと思うので、今学期から体育は見学を申し出るようにした。また近所の病院を受診した結果、貧血があり、栄養障害による肝機能低下が見られるため、二カ月ほど様子を見、数値が上がらなければ大きい病院を紹介すると言われた。もう一度、一〇月中旬に検査の予定である」

やっと受診してくれた。近くの内科と言っているので、専門医でないことが不満だが、学校以外の場所でもK子を見守ってくれる所ができてほっとした。母親は三〇kgと言っているが、七月末には、二八・五kgと本人の報告もあり、私自身の見た目にも、三〇kgはないように見えた。また、担任の報告にも、顔にむくみも出てきたとあり、すがるような気持ちでK子の受診した病院と連絡をとった方がよいと考えた。そしてその病院で、入院を指示してくれることを願った。病院に連絡するにしても、親の了解が必要と思い、担任から連絡をとってもらった。しかし母親は、もし学校で本人が倒れてもいっさい学校に責任を問わないと、用件だけを一方的に話した。公衆電話からのようで、とてもゆっくり話をする雰囲気ではなかった。今にも倒れそうで、それどころではないと思うのに、まだ進路のことを懸念していて、推薦の話を話題に出していたとのこと。

その後、病院へ電話して様子を聞く。「肝臓、貧血については注射で様子を見ている状態である。家族は病院の指示には協力的であり、三食を五食くらいに分けて食べるよう話してある。肝臓はＧＯＴ・ＧＰＴに少しずつ異常が見られ、貧血は血色素10・１ｇ／ｄｌ。二カ月後、もう一度検査の予定である。比較できないので何とも言えないが、自律神経と関係あるかもしれず、安定剤を使用することも考えられる」との話であった。

「学校で注意することは？」との質問に、「貧血の可能性があり倒れたときは、頭を低くして休ませること。またヤセが回復し、体力がつくようになればよいが、体重は定期的に計って欲しい、少なくともデータがあった方が良い」とのこと。しかし学校では、本人の申告のみで体重計で実際計測はしていないと話をする。

Ｋ子の今の状態は、もっと緊急性を要するケースと思い、病院へ連絡したにも関わらず、私たちの思いに応える指示がなく、がっかりした。このような症状は明らかに緊急入院のケースと思っていた私たちの予想が外れ、今後、学校生活で予想されるさまざまな不安に応えるものではなかった。しかし、とにかく病院と連絡が取れるようになったのだから、もし倒れたとしても連れて行く所ができたという点ではほっとした。

〔九月上旬〕管理職から説得を！

授業中、机に向かっていることはいるが、時どき目が白目になり、意識がなくなることがある。ハッと気がついたように再びノートを取り出す。その繰り返しで、「授業をこのまま継続させてもいいものかどうか不安に思う」との申し出が何件かあり、話し合いを持つことにした。明らかに低血糖の症状を呈していて、入院させる状態であり、今までのような学校生活は無理だろうとの結論に達した。

しかし、今までの経過から見ても、親、あるいは本人を説得するのは無理だろうとの判断で、管理職から親に話をしてもらうことにした。管理職も今までの経過は知っていて、すぐに了解してくれた。親を呼び出して話してもらう日を九月中旬と決定した。さっそく担任から自宅に連絡をしてもらうことになったが、話をするにしても本人を一度見ておきたいということで担任と相談、自然に二人が出会ったという場面がいいだろうということになり、ＨＲ終了後、Ｋ子が教室を出た時、偶然廊下を通りかかったという形にして、すれ違いざまに管理職が本人と会うという場面を設定した。
「あれほどやせているとは思っていなかった。急いで説得してみる」との心強い管理職の言葉を聞いて、少し肩の荷がおりた。

死を告げる電話

朝一一時頃、母親より担任の自宅へ泣きながらK子の死を告げる電話があった。いつも起きてくる時間に起きてこないのでおかしいと思ったが、疲れているのでこのまま休ませておこうと思った。また、父親も出勤前に部屋を覗いたが、顔がドアに一番遠い方向を向いて休んでいたので、まだ寝ていると思い、覗いただけで出勤した。一〇時を過ぎても起きてこないので母親が起こしに行ったところ、すでに冷たくなっていた。何時頃死亡したかはっきりしない。
管理職との面談を二日後に控えていた日の出来事である。担任は信じられず、すぐ自宅を訪問した。死因は心不全。

通夜・告別式

朝のホームルーム。各担任が教室で三年女子生徒が心不全のため亡くなったことを生徒らに話す。三年生に対しては一校時、学年集会をもち、事実を伝えた。いつになく生徒の聞く態度は真剣で静かであった。保健室でも「本校生徒がヤセで死んだんだって」「何で食べられなかったんだろう」「そう言えば以前、帰りのバスに乗ろうとしてタラップを上がれず可哀想だったので、後ろから抱え上げてあげたよ」とか、「廊下ですれ違いざまに大丈夫?と声をかけたよ」などと話題になった。

職員室でも気にかけていた職員が非常に多く、学校で事前にもう少し何かできなかったかと悔やむ思いばかりが話された。私と担任も同じ思いであったが、最悪の結果がもたらされたことに、しばらく呆然となった。せめてもの救いは亡くなった場所が学校ではなく、自宅で、しかもお母さんのそばで良かったと思った。

通夜は県営住宅の集会所にて行われた。手伝いに本校職員が頼まれ、受付を担当。同級生の参加が多く、時間を大幅に延長。翌日の告別式にはクラス全員が出席した。

〈事例を通して感じたこと、担任と話し合ったこと〉

クラスでは温厚なグループに所属し、かつ成績も優秀だったため、K子が友達関係で孤独を感じていたようには見えなかった。しかし家庭では、K子が三年生になる頃、姉が婚約、姉がいなくなることによる不安とともに、姉の分まで母親の関心が自分に向かうのではないか、そしてもっともっと濃密な関係になるのではないかとの緊張感を、K子自身が感じていたのではないかと思う（しかし、K子と母親との関係については、最後まで私の中では理解できずに終わった）。その上、父親は、家族の一員に何かが起こった時、救いの手を差し伸べて欲しい存在であるにも関わらず、一貫して影が薄かった。もう少し父親との関係に早く気づき、コンタクトをとることができたら、もっと違う展開になったかもしれない。

面談の場面では、母親が一緒で代弁する時が多く、本人から自分の言葉で話を聞き出すことが難しく、最後まで病的心理を理解することができなかった。このことがこのような最悪の結果をもたらした要因であると思う。いかにして本人の話を聞き出すか、生徒の立場になって冷静に支えることの難しさを学んだ。

また、命が危ないという限界の判断が非常に難しく、親の了解を得るために受診を一日一日と引き伸ばしたためにこのような結果になったものとの反省も残る。なぜ病院やカウンセリングにつなげにくいのかということをもっと検証する必要があったと思う。その上で、心と体の両方を診る医者へつなげることがいかに大切かということも痛感している。

⑱

父から性的虐待を受けていた生徒

❖神奈川／高校養護教諭　梅里　喜代子

「課題集中校」と呼ばれるA高校に九年間在職した。毎日一〇〇人前後の生徒が保健室を訪れてきた。家庭で、学校で、社会で傷ついて、素直な自分を出せずツッパっている子どもたちが少しずつ本音を出せるようになり、変わっていく。教室の掃除を一度もしたこともないような生徒が放課後、フラリと保健室に立ち寄り一緒に掃除機をかけてくれたり、ゴミ捨てに行ってくれる。ホンのちょっとした優しさに触れ、私の心が和んだりした。しかしそんなたくさんの出会いの中で、ツッパったり反抗したりしない子たちも、実は深く傷ついた心を持っていることに気づかされた。今でも気がかりな生徒の一人に桜子がいる。

数年前に卒業した桜子は、入学当初、何の問題もない生徒に見えた。しかし次々に問題行動を起こしていき、友達に引っ張られているだけなのか、自発的なのか、原因がわからず、私はとまどっていた。

桜子は小柄で可愛らしく性格も素直で明るいので、友人も多い。A高校の生徒の中では恵まれた家庭環境に育っている。中流のサラリーマン家庭で、母親はパートの仕事をしている。兄と弟の三人きょうだいで、特に兄とは仲も良く信頼している。小さい頃から母親と茶道をたしなみ、ピアノを習っている。

桜子は、A高校には剣道部があるからと、ランクを下げて受験した。早速部活に入り張り切っていたが、部活の雰囲気に馴染めずにすぐ退部してしまった。ただ進路の希望は看護婦になりたいという目標があり、その夢は三年間持ち続け、努力もしていた。友達の中で流されながらも、遅刻はするが欠席は少なく、良い成績を取っていた。

一年生の一学期は、友人関係のいざこざなどで数人のグループで来室したが、桜子は素直に授業に戻って行った。友達は、先生に反抗したり学校をサボったりしていたが、桜子は先生方の評判もよい問題のない子だった。ただ付き合っている彼が、暴走族に入っていてほとんど登校して来ない正夫だった。

桜子が変わっていったのは一年生の三学期ごろからだった。友達が変わり、いわゆる問題行動の多いグループと一緒に行動するようになった。二年生の一学期、仲間とトイレで喫煙しているところを見つかり、生活指導を受けた。家庭では、桜子が喫煙をしていることをそれまで知らずにいて、両親は大変なショックを受け、「指導を受けたのを機会に家族会議を開いて親子の話し合いが持てたので良かった」と、母親は後に文化祭で来校した時、私に話した。

しかし、母親は桜子の変化を本当に気づいていないのか、見ないようにしているのか、とも思った。親には知らせていないが、一時はシンナーを吸引しているという相談が他の生徒から寄せられ、私はこのグループの生徒とは何度か話をした。

三年生の二学期に入り、推薦入試で看護婦の専門学校も決まって、本来ならば落ちついていい時期に桜子は突然、頭髪を金色にし、私服で登校してくるようになった。遅刻早退も急に増えるなど、生活が乱れだした。時どきグッタリと疲れた様子で「ベッドで休ませて」と保健室に来ることが続いた。今まで保健室で休むことなどない生徒だったし、表面の変わりようと、最近ひどく疲れていることが、私には気がかりだった。

つき添って来る友達との会話から、家に帰っていないこと、二年の時からつき合い始めた孝雄のアパートから登校していることがわかった。次に桜子が来室してきた時をとらえ、私の近くに呼んだ。「最近どうしてしまったの？　ずいぶん生活が荒れているように見えるけど、進路が決まったからといって少し羽目を外しすぎじゃない」と話しかけてみた。

「実は」と言う桜子の話から、担任に対する反発があることがわかった。桜子の担任は三年になってから担任団に加わった、とても真面目な人である。だらしのない生徒には手厳しいので、一部の生徒からは煙たがられていた。看護婦の専門学校に出す推薦書を書いてもらう時に「あなたについては書くことが何もない、何か書いて欲しいことがあったら言いなさい」と言われ、「てめえのように生徒を小馬鹿にするようなセンコーには書いてもらいたくない！」と、日頃の不満もあり、言い返し、小競り合いがあったようだ。その場は担任が謝り、推薦文は書いてくれたそうだが、それ以来、担任の指導は一切無視しているということだった。また、家に帰っていないことについては、学校には内緒にしていると話した。

その桜子が、父親の虐待のことを話したのは、たまたま友達がトイレに立ち、私と二人きりになった時だった。

それは夏休み中の出来事で、夕方キャミソールという肌の露出の多い服装で外出しようとしているところを父親に見られ、厳しく注意された時、父親に向かって「家で寝ていても危ないのは一緒だ」というようなことを言い、一騒動あった。この時、家には、母親と父親、自分の三人しかいなかった。その時はじめて小学校二年生の時に父親から性的虐待を受けたことを一気に両親の前で吐き出すことができた。父親の顔はもう二度と見たくないし、家にも居たくないと吐き出すように言った。

いちばんの味方であるはずの親を信用できない辛さを抱えながら生きてきた桜子。温かい家庭に育っているお嬢さんだとばかり思っていたので、桜子の話は衝撃的だった。このことは親しい友達にも話しておらず、保健室で友達が席を開けた短い時間だったため、それ以上詳しい話は聞けなかったが、私は彼女の抱えていた問題の深刻さに驚きながら、桜子の気持ちを受けとめた。父親に対するいきどおりを直接出せずに、高校に来てからの問題行動として現わしていたのだと、私の中で納得できた。ただ仲の良い兄にもそのことは話していないので、家を出ていることを自分のわがままと受け取られていて、理解してもらえないのがつらいと語った。

それ以後、私と桜子は直接その話題には触れなかった。

桜子がつき合っている孝雄は、高校を中退し、アルバイトもせずブラブラしていた。同居については、桜子の母親が孝雄の母親と話し合い、彼のアパートに置いてもらうことになり、そこから通学しているのだという。孝雄の家は母子家庭で、母親は公務員をしている。しかし家に居たくないと言う高校生の娘を、ボーイフレンドの家に預けるという母親の気持ちは、私にはどうしても理解できなかった。

一一月下旬、桜子は孝雄と別れた。孝雄の家には居づらくなり、友達だという独り暮らしの一

○歳も年上の達也の家に移った。この時、桜子は母親にこのことを知らせていない。
はじめ、達也を信頼できる先輩ということで泊めてもらったが、一緒に暮らしてみて、桜子の信頼を裏切ることもなく、友達として置いてくれる誠実な態度に次第に彼を好きになっていき、今では桜子が一方的に結婚も考えていると言う。

私は、桜子の母親とは学校行事の時にたびたび顔を合わせたが、桜子から父親とのことで相談を受けたことは話さなかった。母親もちょうど更年期障害の時期で、自分自身のことで精いっぱいという様子であり、桜子が時どき日中母親に会いに行くことで安心しているようだった。

家に居場所がない桜子は、自分で必死に居場所を探していた。何の力にもなれず、私は桜子に、学校にはきちんと登校することを約束させ、卒業まで見守ることしかできなかった。

高校を卒業し、母方の祖母の家から看護婦の学校に通ったが、人間関係でつまずき、夏休み前に退学、その後は、達也とも別れアルバイトなどをしている。


子どもたちの問題行動の背景には、それぞれ深刻な事情があり、残念なことに在学中に問題を克服し、成長を遂げる例は少ない。ただ子どもたちとの出会いを大切にし、子どもたちの出している信号をいつでも受けとめられるように、養護教諭として常にアンテナを高くしていたいと思う。子どもの心にどこまで寄り添うことができるのかが、自分としての課題である。

第6章

重い病気、きびしい家庭事情の中で

※特発性拡張型心筋症で逝ったA男　※慢性腎不全で透析を続け卒業した生徒
※家庭でも居場所のない生徒たち　※さまよう家族の中で

⑲

特発性拡張型心筋症で逝ったA男

❖神奈川／高校養護教諭　金野　百合子

❏心臓移植が必要な病気

本校では合格通知書の封筒の中に、保健調査書、心臓検診問診票も含めて、あらゆる調査票を入れて入学手続きの日に提出を求めています。これは、その時期を過ぎると、調査票が集まらないこと、特に保護者の記入する調査票は集まりにくいためです。この方法での利点は、三月中に私が生徒たちの様子を確かめられること、その状態について、教師の事前学習ができる体制を作ることが可能なことです。

三月、入学する予定の子どもたちの心臓検診問診票を点検していると、「病名＝特発性拡張型心筋症。発見＝小学生時学校検診。病院名＝○○病院（すでに受診して管理されている）、家族歴＝母が心臓病にて死亡」とあるカードを見ました。私は、これは大変だと、自分の胸がドキドキしだしました。

「拡張型心筋症と言えば、心臓移植が必要な病名ではないか。軽いものなんてあるんだろうか。暴れん坊の多い本校生徒たちの中でやっていけるんだろうか。暴れん坊に慣れてしまっている教師たちがうまく管理指導してくれるだろうか。自分の楽しみを持っている子だろうか。学力はそこそこ持っている子だろうか…」、心配はつきませんでした。

私は、中学校での様子を知りたいと思いましたが、調査書はもちろん、健康診断書にも病名しか記入がありませんでした。家庭環境調査書には、A男の母は中学一年の時に亡くなっており、父はそれ以前に交通事故で亡くなっていて、中学二年時から妹（当時中学2年）と、父方のおじの家に預かってもらい、おばが面倒を見ている。おばの子どもたちはもう大きくなり、二人の女の子が働いている——ということが書いてありました。

拡張型心筋症は予後が悪く、治療方法も確立されていないので、本人の状態をでき得る限り知りたかったのですが、わかりませんでした。しかし、入試の時の様子を担当者に聞くと、「小さい」というイメージがあるが、他の子とそんなに変わった様子はなかった、ということでした。

❏入学してきたA男

A男はおじに連れられて入学してきました。実直そうな農家の方でした。A男は見るからに小さく、やせて血色の悪い顔をしていました。覇気がなさそうだけど、人なつっこく、恥ずかしそうにして笑う姿がとてもかわいい感じのする子でした。担任と私が病気についてうかがいましたが、おじさんは「普通の子と同じように」「病気の世話は家内に任せてあるから」と言いました。本人は「今まで苦しかったことがない。走ったことはないけど、皆とサッカーしても苦しくなかった。大変そうなのはやらない、自分で判断するから皆と同じようにやる」と言いました。病気が死と結びつくことは、本人もおじもよく理解していない様子でした。

おじに、「心臓管理表を医師に書いていただくこと」「主治医に高校生活での注意を聞いて欲しいこと」「もしも発作が起きたら、近くの病院に搬送すること」「ふだんの生活で規則正しく過ごす努力をすること」をお願いすると、「今までなんでもなかった。本人が大丈夫と思っているのか、夜は遅く寝て、朝も遅い。叱っても黙ってしまい、何にも変わらない」という話でした。また「病気もあるし、農家ではもたないので、コンピューターでも習わせて、仕事につけたらと思って本校を選んだ」とも話してくれました。本人には、「苦しかったら無理しなくていいから、保健室に来るか、友達を呼びによこしてね。とにかくやってみましょう。都合が悪いことがあったら言ってね」と伝えて、初日の面談を終えました。

❑「もしも」の時の対策

次の日からA男は元気に登校して来ました。最初の一週間はオリエンテーションと健康診断。本人の承諾でとった心電図はまぎれもなくひどい状態を示していました。

内科検診の時、校医さんより「毎日規則正しい生活をね」と言われると、コクンと首を前に倒してうなずく彼でした。校医さんは心電図を見ながら「もうかなり厳しい状況ではないか」と話し、学校でもしものことが起こらないような対策と、起こった時の対応を検討しておくことを話し合いました。その後、担任、学年の先生たち、校長、教頭、保健主任と私で、今後の対策を考えました。

〔現状〕

・病状について主治医は、何かあれば明日死亡してもおかしくない状態である。本人にも家族にも伝えてあると言っている。

・外から見れば比較的安定していて、小さくて色が白いことを除けばわからない。

・本人も家族も主治医の診断を真剣に受け止めていない。

〔本校での対策〕

・体育を見学とする（管理表にはもちろんそうなっている）。
・できるだけ学校が楽しいものになるようにする。その結果、目的意識に目覚めたらよい。
・全職員で理解し、もしもの時の措置をすること。そのために救急処置の再確認として、心肺蘇生法の研修をはじめて開くこと。
・必ず救急車を呼ぶこと。
・養護教諭の不在時は特に意識すること。

❑A男の中学校を訪ね、わかったこと

二週間目から授業が始まりました。四月は元気に登校していたA男でした。私に話しかけられるのが特別扱いになると思うのか、避けて、保健室には来ませんでした。

五月の中間テストが終わった頃、担任からA男が学校に来ていなかったり、中抜けすることが報告されました。授業時間中もつまらなさそうにしていること、手元を見たが理解できていない様子で、どの科目でも同様であること、何回か近くのゲームセンターにいるという情報を得て、迎えに行ってきたこともある、中間テストの結果は惨憺たるものであった、という内容が伝えられました。

担任は、何かA男の楽しそうなこと、好きなことをやってみたいと思っていましたが、A男は

怒られると思っているのか、「家には知らせるな、余計な心配をかけるから」と言ったきり、口を閉じてしまうので、残念がっていました。そこで私と担任の二人で、中学校時代の担任の知恵を借りよう、ついでに養護教諭の話も聞こう、と出かけました。

養護の先生は春に転勤しておりませんでした。中学校時代の担任は「A男は母が亡くなってから転校して来ました。学習は全くだめでした。だから勉強はさせませんでした。何か楽しいことをと考えて、クラスでサッカーをしたりすると楽しそうにしていました。病気のことは聞いていたけど、本人は何ともないと言うし、一人で見ていてもつまらないと思うので、遊びはやらせました。遠足で遊園地にも行き、養護教諭から前もってだめと言われていたジェットコースターにもつまらなさそうだったので乗せてみたけど、何ともなかったですよ。何もさせないのはかわいそうですよ」と笑いながら話してくれました。

私は「何かあったら死んでいたんだ」「何か起こった後では遅いんだ」と、腹立たしく思いました。しかし、ここでわかったことは、A男は自分の病状について理解していないこと、また周りの人々（中学の担任、家族）も理解していないのに、A男にだけ理解を求めるのは無理な話だった、ということでした。A男にしてみれば、中学校時代、許されていたことがどうして高校で禁止されるのか、勉強は、授業中勉強しなくても叱られなかったのが、どうして高校では勉強しないと進級できないのか、理解できなかったのです。

❏A男のおばさんとの面談

六月に入っても状況は変わりませんでした。しかも、学校で喫煙をしているところを見つかり、私と担任は青ざめてしまいました。そこで、A男のおばさんが来てくれることになりました。

A男のおばさんは優しい中にも農家の切り盛りをしてきたしっかりした感じがにじみ出ている方で、「A男は毎日、学校へ行くと言って家を出ている」「学校のことは楽しそうに話し、特に担任と養護の先生は優しくしてくれると話している」という、思いがけないことを語ってくれ、「実は…」という私たちの話に、逆におばさんは驚いてしまうという状態でした。

おばさんは毎回病院に付き添って受診しているので、A男のことをいちばん理解できる状況にあります。そこでおばさんにどう理解しているのか尋ねてみました。おばさんは、

・主治医は治療の見込みはないが、思ったより本人は元気なので入院せず、皆と一緒に暮らさせた方が良いと言っている。

・いつ死んでもおかしくないけど、そんな兆候はないので、周りはそう思っていない。

・夫も、夫の母も、私に迷惑をかけると思っているらしく、A男が失敗しても、悪いことをしても私に隠して処理してきた。たばこのことも、夫と祖母は知っていた。自分はそれを信頼されていないと思って切ない気持ちを持っている。

・A男の母は、父親が早く死に、自分も体が弱く、A男と妹をかわいそうに思っていたらしく、ご飯の食べ方、依頼の仕方、意思の伝達の仕方など、何も教えないできてしまった。語彙も少なく、こちらがわかっていると思って言う言葉も理解できておらず、驚くことがよくある。
・私は、A男と妹をかわいそうと思うし、何とか成人まで育てたいと願っている。自分の子どもたちも姉だと思って、いろいろ世話をしてくれると、涙を流しながら話してくれました。

私は「私を含めてもっとA男を受けとめることに心を配る。危ないこと以外は言うことをやめましょう。楽しいことを作りましょう。それからA男の場合、徐々に悪化するということはないように思われるので、万が一の時、お家でも救急車を呼んだり、人工呼吸したりすることを覚えておいた方が良いですよ」と言って、プリントを渡しました。おばさんは、娘たちと映画を観たり、遊びに行ったりすることを企画しましょうと言って帰りました。

❏おできの治療

期末試験の終わりの日、A男の顔が保健室の入り口の窓にちらりと見えました。慌てて入り口まで行って戸を開けると、A男がはにかんだ笑いを浮かべていました。「どうしたの？　入ってらっしゃい」と言い、中に入れました。「テスト受けた？」「ううん」「そう、じゃ、どうして学校に来たの？　困ったことがあった？」「これ」と、彼は左足の腿の後ろを指差しました。そこは大きく赤く腫れ上がり、頂点に少し口が開いて、すぐ塞がった痕がありました。

「いつから？」

「痛いと思ったのは五日前」

「そこにあがって腹ばいになってごらん。あ、その前に脚の付け根を押してごらん」

「コロコロしていない？」

「そう。よかった。このままひどくなるとコロコロして腫れてくるからね、毎日確かめてね」

腹ばいにして、おできを押してみようとすると、

「先生、少しやってみたんだ。そうしたらうみと血が出てきて、ティッシュでぬぐったら、とっても汚くて慌てて止めた。汚いんだよ、とっても」

「うんわかってる。私は汚くても平気よ、慣れているから。それに仕事だもの」

押してみると、膿と血が噴火口から出るように出てきました。病院にやることも考えました。しかしこうして私に助けを求めてくれたこと、リンパ膨張まで行っていなかったことで、私が手当てすることを選びました。手当てが終わって、ズボンをはき、「おばさんにやっていただけば良かったのに」と言うと、「うん、でもパンツにならなきゃいけないし、恥ずかしいし、それに汚いのにビックリして、悪いかと思ったから」「明日も来て。授業に出られなくてもいいから手当てだけはしましょう。足の付け根のコロコロ、確かめるの忘れないで」「うん」

❏「先生、僕はいつ死ぬの？」

それからA男は毎日保健室に来てくれ、担任も交えて話ができるようになってきました。

「たばこの事件以来、おばさんやおじさんは優しいんだ」「そう」「何か言ったの？　僕のこと」「おじさんとおばさんと担任は、あなたをいい子にしようと焦ったみたい。私たちもね」「僕も少し焦ったよ」「ゆっくり歩こう」「まだ単位とってあがれる？」「うん、まだ大丈夫だ、二学期やればね。特別授業してもいいし、何とか考えよう」「二〇歳になれば妹を連れて、父さんが残してくれた家に戻れるんだ」「そう、それは楽しみね」「うん」

また、私と二人の時、「先生、僕はいつ死ぬの？　すぐ？」「すぐっていうわけではないよ。わからない。だけど危ない病気なの」「今まで大丈夫だったよ」「急にくるのよ。だから規則正しい生活が必要なの。そしてたばことお酒もね。あなたがたばこ吸っていると聞いて、先生びっくりしちゃった」「じゃ僕、自分の体に悪いことばかりしていたんだ。だけど規則正しい生活って何？」「エッ、わからないの？」「早寝早起きは知ってるけど、他は？　なぜ体にいいの？」

私の保健指導も、お題目となえだったと反省させられた言葉でした。そして、「これから夏休みどうするの？」「お姉ちゃんがどこか連れてってくれるって」「そう」「お祭りもあるし」「先生、二学期頑張るね。担任の先生も手伝ってくれるって言うし」「うん、がんばろう」。

しかし、今日で七月が終わりという日、彼は亡くなったのでした。

❏葬儀の日に知ったこと

葬式の日、担任は旅行に出かけていなかった。あまり登校しなかった彼の高校での友達は少なかった。それでも一〇人くらいのクラスメートが集まってきた。中学校で一緒だったクラスメートが集めてくれていた。

「先生知ってたの、病気だって」

「うん」

「僕は知らなかった」

「A君が皆に言うなって言ったから」

「知っていたら、たばこや酒やめさせたのに」

「えっ？」

「A君、お祭りで太鼓たたいて終わってから、二学期から頑張るんだって言いながら楽しそうにみんなと打ち上げで、酒、飲んだんだよ」

A男はその夜、一一時頃帰宅し、シャワーを浴び、自分の部屋で布団に入り、腹這いになってマンガを読んでいてそのままだった。翌朝、電気がついているのに気づいた祖母が発見したとのことであった。

私はとても苦しかった。受け入れて、わかってくれていると思っていたのに、なぜ「酒」なのか。指導し切れない自分を悔しく思った。駆けつけた担任はなお辛そうにし、「わかっていたつもりなのに…。本当に死んじゃった…。自分は彼に何をしたんだろう。何のために教員になったんだろう。これからだったのに…」と言った。

以前、彼と死について話した時に、「神に召されることは恐くない。心豊かに静かに迎えられれば」と言っていた。その彼も悔やんでいた。

❏生徒が希望を見いだす指導とは？

二学期が始まり、彼のいない学級はいつものように始まり、いつものように終わった。私は死を待つ生徒の指導をどうすればよいか悩んでいた。移植が叫ばれて寄付を募り、外国で手術をする子たちがいる中で、彼には切り出せなかった。彼の両親はすでに亡く、手術をしてもその後をサポートしてくれる条件がなかった。世の中平等ではないなと感じた。おばさんがご挨拶に見え、話してくれた。

・お詫びをしたい。正直に言えば、学校は過剰に反応しすぎる、死ぬ時は仕方がないと思っていた。しかし、亡くなってみると、警察の取り調べを受け、かなり厳しく調べられた。どのくらい知っていたか、知っているのにどんな世話をしてきたか、なぜ防げなかったか、など。自分もどこかで防げなかったかと自問した。学校で死ななくて良かったと心から思った。子どもたちの教育をするということは厳しいものだと知った。

・おできのこと以来、学校であったことを楽しく話してくれるようになり、家で手伝いもしてくれた。「私も手当てしてあげる」と言うと、「いい、保健の先生にしてもらうから」と言って、楽しみにしているようだった。

・「二学期から頑張るからね」と言って、通知票も見せてくれた。

・私は、自分の子どもたちは高校時代、何の問題もなくて高校の教師なんて楽なものだと思っていた。でもあの子のことで、学校って頼りになるんだということを知った。これは私にとっては、とても良かったと思っている。妹も兄ちゃんの学校へ行こうかなと言っている。

それを聞いて私は力が及ばないことを詫び、今でもどうすればよかったか、迷っていることを話した。おばさんは、「良かったのですよ。ありがとうございました」と言って帰られた。

その後、本校ではA男と同じように、病気を持って希望が見出せない生徒が多く入学するようになりました。希望を見出す指導を心がけなければと考えた翌年も、私が休み明け、あまりの顔色の悪さに驚いて母親とともに受診させた生徒は、再生不良性貧血で骨髄移植の機会も与えられず死亡してしまいました。特に、体の健康がだめでも他に力がある場合と違って、体を使って遊び、働こうとしている本校の生徒にとっては、その生徒の「希望を捜す指導」は特に大事なことと考えて、模索しているところです。

ちなみにA男の担任は、前にも増して一生懸命子どもたちのことを考えて授業の工夫をし、活動するようになりました。イスを振り上げた生徒から「見直したぜ！」と言われるようになったと、笑いながら報告してくれたものでした。

20

慢性腎不全で透析を続け卒業した生徒

❖神奈川／高校養護教諭　佐藤　節子

本校は、新設校の時から学力的には学区内の下位に位置しています。近年運動部に優秀な生徒が集まるようになり、県内でも知名度が上がって、学校も活気が出てきました。しかし、学力的に入りやすいということで、毎年脳性麻痺や感音性難聴のため、筆談でコミュニケーションをとらなければならなかったり、重い病気を抱える生徒が入学してくるという状況もあります。

T子さんは、入学試験前に「慢性腎不全」という連絡があり、学力検査は入院先の病院からの保健室受験でした。その年は同時に脳内出血発作のリハビリ中で、病院から医師と看護婦同伴での受験生もいました。視力が十分快復していないということで、拡大した問題用紙と答案を用意し、照明も準備しての別室受験でした。二人とも無事合格したので、さっそく入学式後に保護者と本人、関係職員で、保健室でこれからの学校生活での対策や要望などを話し合いました。

本校は車椅子用のトイレや、各出入り口にスロープが設けられているのに、四階建ての校舎にエレベーターはありませんし、傾斜地に建っているため、体育館へ移動するには階段を利用しなければならないなど、本当に障害を持つ生徒を受け入れる構造とは言えません。それでも、いまある状況の中で、生徒が学校生活を送る上で、少しでも不都合がないように努力することを伝えました。また、管理職からは県に対し、体育科と家庭科の実技・実習のある教科に対し、非常勤加配を要請してもらいました。

はじめて会ったＴ子さんは、身長一三五㎝で、顔色は悪いけれど、かわいらしいという印象でした。しかし、抱えている病気はとても重く、小学校五年生で「紫斑病性腎炎」とわかってから、本人が治療をいやがったこともあり、一気に腎不全に進行してしまったようです。

入学直後、担任と一緒に主治医に会いに行きました。主治医は若く、現状と学校生活への指示書をさっそく送ってくれるほど熱心な方でした。しかし、「病歴が長いため、治療にも協力的でない面もあり、扱いに苦労するかも知れませんよ」という言葉が担任共々心に引っかかりました。その場では、これまでの詳しい経過や治療の実際、学校生活への要望等を聞いてきました。

診断は「紫斑病性腎炎による慢性腎不全」ということで、自宅での夜間腹膜透析療法を行っていました。これは、働きが低下したり、全く働かなくなった腎臓に代わって、血液を正常化する治療法で、本人の腹膜を利用するためカテーテルが腹部に固定されており、常に透析の液が九〇〇ミリリットル以上おなかに入っている状態でした。治療開始当初、カテーテルの固定手術がうまくいかず、計四回の開腹手術を余儀なくされたため、本人の医療への不信感が強いように感じました。

小学校五年生からの長期入院で、養護学校や中学に籍はあったけれど、院内学級からの通学という形を取っており、実質の学校生活はここ何年も経験していませんでした。まして「登校する」ということがどういうことか、本人もわかっていません。ただ、合格したからには「病気の子」として扱わず、できるだけ普通の生徒と共にいることで、小五程度で止まってしまっている社会性を身につけてほしいし、外来受付時間などの協力もしたいと言ってくださいました。

主治医からの話を元に、職員への報告を行い、体調を見極めながらできるだけ級友と交流できるように配慮することを確認しました。通院については授業との絡みもあり、必要であれば課題で代替えできるよう了承を得たり、体育では、非常勤枠がついたので、個別授業で散歩や軽い運動に取り組み、入院生活で弱った足腰を鍛えることを始めました。

五月のバス遠足では、本人の強い参加希望もあり、発病後はじめてバスでの長距離移動を経験できました。マイペースでの移動や、今時の高校生とは話がかみ合わないなど、寂しさを訴えることもありましたが、一学期は、調理同好会に参加したり、通学・通院も、今までは母親の車を頼りにしていたのを、一人で行動できるようになり、主治医も驚くほどでした。

順調にいくかに見えた学校生活も、二学期のはじめに、いつもは高めだった血圧が急に低くなり（最高血圧が60ｍｍＨｇ）、三学期には貧血状態も悪化してしまいました。二学期は欠課時数が多くて、成績は出ませんでした。

三学期の進級判定会議を前に、再び担任と主治医のもとを訪ねました。何とか友人もできたところなので、厳しい学業状況の中、進級に向けて主治医からの助言をもらえたら、というのが訪問の目的でした。しかし、主治医は当初から「学校生活」を送るのは難しいのでは、という気持ちでいたせいか、協力的な言葉は得られませんでした。

大きな後ろ盾の当てははずれましたが、学年の会議に私も参加させてもらい、ここで「一年生をもう一度繰り返す（人間関係を作り直す）ことは彼女にとって厳しいのではないか、まじめに取り組んでいる課題で代替えができるのなら、その部分を認めてあげてほしい」という話をしました。

年度末、担任から一年間の様子が報告され、無事、進級できました。

二年生では担任が変わりました。毎年二学年は四階の教室を使用しているのですが、教室配置の変更はありませんでした。本人・家族も了承したそうですが、一年間の通学がつらくなるのではないかと心配でした。案の定、T子さんは進級できたものの、体調不良の日が多く、当初希望していた修学旅行も参加できませんでした。登校できても教室まで行けずに保健室へ顔を出すので、一休みしたところで、カバンをしょってあげて、一緒に教室まで行くことが何度となくありました。

水分制限のあるT子さんは、暑さにも弱く、冷房のある保健室で休む間にいろいろと話をしていくこともありました。黄色い色紙でポケモンを折ってくれたり、食事制限があるが、本当は味の濃い食べ物が好きで「ビフテキのね、じゅーって汁が出るようなのが好き」「おみそ汁も、本当は一日一回しか飲んじゃダメって、お母さんに言われているんだけどね、弟や妹が飲んでいると、ほしくなるんだよね」と、夢見るように話す姿は、目の前にいるのは小学生ではないかと、勘違いしそうになることが何回かありました。

二学期の期末試験は発熱でお休みしていると聞いたので、自宅へ電話してみました。母親が出て「単に熱が高いと思っていたら、血液検査で炎症反応が出たため、入院している」とのこと。腹膜灌流では衛生面での細心の注意が必要なのに、食事や水分のことなど、まだまだ管理し切れていない部分が多いような気がしました。

全出席日数の半分しか登校できなかった二年生。担任からは、進級はかなり厳しいと話されていたので、本人も家族も覚悟を決めていたようです。そのころの私は、一年前とは違い、このままところてんのように高校生活を過ぎ去っていかせて良いものなのかと、疑問を持ち始めていました。そこで、進級会議の中で「この一年間、彼女にとっての高校生活は霞であったと思います。もっと学校生活というものをかみしめてほしい」と発言しました。

院内学級に飽きたらず、本当の学校生活を望んで入学してきた高校。学校行事もほとんど参加できず、過ぎていった二年生の一年間、このままでよいのだろうかと思いました。

しかし、学校への通学がこの子の病状に悪影響を及ぼしていないか、こんな重い病状の子に何かあったら、という職員の不安から、賛成多数で進級が決まりました。

四月、新担任と共に、人事異動で代わった新しい主治医に会いに行きました。診断名は変わらないが、むくみがあるために血液が薄まっているので、透析の液を濃度の濃いものに換え、水分制限の管理を強めたいということでした。将来的なことについては、家族からの腎臓提供で腎移植を考えているが、もともとの病気があるため、移植した腎臓がダメになる可能性があり、時期は未定である。また、移植によって、病気が治ったとしても、将来的に生きていく力がついているのかという心配がある。日本では、学校卒業後にT子さんのような子が生活していける受け入れ先が社会的に整備されていないのが残念であると話されていました。

文部科学省は今回の学習指導要領の改訂にあたって、「生きる力」の育成を基本としています。本校の教育課程の編成でも、基本理念として、同じ言葉が盛り込まれています。しかし、不十分な設備や、確実に確保できるかわからない非常勤配置、障害を持った生徒が在籍する学校への養護教論の複数配置の遅れなど、教育活動の支援体制は厳しい状況です。そういった現実の中、学校は単に教科の学習や出席日数だけに目を奪われることなく、これからこの子なりに生きていくための教育をできただろうか、と自問することを忘れてはいないだろうかと考えています。

T子さんは、三年生の九月に胃の四分の三を塞いでいた良性腫瘍が見つかり、切除手術を受けました。一時は本人も家族も動揺し、鎮痛剤にすがるT子さんに対して偽薬で痛みを抑えたりということもありました。その後は自宅で療養しながら課題をこなし、最後の学校行事「卒業式」には出席し、保健室で級友と写真にも収まりました。

その後どうしているかなと思っていたところ、東京にある内部障害者のための医療技術専門学校の案内が保健室に届きました。療養所に入所しながら勉学ができる国内唯一の施設ということで、早速自宅へ電話したところ、三〇分後には母親が保健室へ現れました。「こういった資料がもらえてうれしいです。今のところは自宅で過ごしているしかなかったので」と、コピーをうれしそうに持ち帰ってくれました。今頃は三月の受験に向けて、目標めざし勉強していることでしょう。

21

家庭でも居場所のない生徒たち

❖神奈川／高校養護教諭　植木　恭子

私の勤務する学校は、在籍生徒五〇〇名ほどの高校。生徒は、一年生で進級できるのが六割強、卒業していく三年生の半分以上がフリーターになります。いわゆる「課題集中校」と言われるこの学校に、新卒の養護教諭として勤務しはじめて今年で五年目。毎日一〇〇人以上、とぎれなくやって来る来室者に、身がすり減る感触がするくらい、本当に疲れ切ってしまう毎日です。

慣れ

毎年三年生は六月に北海道へ修学旅行に行っています。その際、応急手当等は帯同看護婦に依頼し、実施してもらっています。そのうちのお一人の方から「本当に普通科ですか？　ほとんどのお子さんが発症していますよ」と言われたことがありました。

入学前に、保健所や児童相談所で知能テストを実施してＩＱが低い生徒（「愛の手帳」の交付を受けている等）であると情報があった時にも、実際に本人と面談した時には在籍している本校の生徒と大差がなく、特別に体制を整えなくてもよいことに何とも言えない安心感を覚え、一方で改めて学校全体のＩＱに低さの不安を味わったこともあります。

またつい先日の文化祭では、生徒間に暴力行為があり、それを目撃した保護者の方があまりのショックに泣きながら、事情を訴えられました。しかし教員の間では、そんな事件が日常化しているためか、「またか…」という反応ですんでしまいました。

外部の方はショックを受けるようなことも、中にいると「またか…」ですませてしまう。問題だと感じるアンテナが鈍くなってしまっているようです。怖いことです。

家に帰りたがらない生徒…

生徒の話を聞いていると、家の安心感や魅力が低下して、「家庭って何だろう？」と感じる場面によく出くわします。食事をつくってくれない、「蹴られる」「殴られる」などの暴力。生徒の言葉で言うと、「親にシカトされる」「おまえなんかいらなかった」「ばか」とけなされるなど、虐待と呼んでもよいのではないかと思うことがしばしばあります。生徒から相談を受けた際には、保健所の福祉相談課や児童相談所の紹介もしますが、生徒は公的な機関に頼りたい気持ちはあまりもっていません。解決することを求めていないのか、あるいは警察や学校に対する不信感をもっているように感じる時があります。

実際、保護者あてに担任や養護教諭から電話をしたり、面談を行ったりしても、たいてい再び保護者の怒りが生徒に向かい、事態が悪化することが多く、生徒の口からはっきり、「家が安心できる場なんてウソだ！」「家には何も言わないで！」と言われることもあります。いつまでも学校（保健室や図書室）にいて、カラオケボックス、コンビニエンスストアで仕方なく遅くまで時間をつぶし、友達の家を泊まり歩いている生徒もかなりいます。着任してしばらくは「先生のうちに泊まりに行きたい」と訴えられ、また実際、押しかけられて困ったことも何度かありました。

宗教の自由といえ…

現在は三年生になり、専門学校への進学も決まった直子という女生徒がいます。彼女が保健室に顔を出すようになったのは一年生の一〇月から。出会った当初は全く話をすることができず、首を縦か横に振るしか意思表示ができない生徒でした。毎日、一日のほとんどを保健室で過ごす彼女に、何度か「言葉で伝えてくれないとわかんないよ」と怒ってしまったこともありました。

半年近くたち、粘り強く語りかけたり、交換日記をするなど関わり続ける中で、ようやく彼女が家族から虐待に近いことをされていることや、クラスの友人ともうまく関係がもてないこと、小学校五年で男性教員から暴力をふるわれて以降、男性教員が怖いこと、中学では女性の担任にずっとくっついていたことなど、いろいろなことがわかってきました。

しかし、語り始めたと同時に、彼女に奇行が見られるようになりました。養護教諭の私に抱きつく、噛みつく、動物の鳴き真似をしてじゃれてくる、常にタオルを口に噛む、保健室の床に寝ころぶなど、日に日に心配になっていきました。欠課時数が進級を左右するほどになり、二年生の六月に保護者面談を担任とともに実施しました。そこでは母親と話すことができ「カウンセリングも、治療もしている」という弁でしたが、よくよく聞くと、教祖や保護者自身による手かざしの〝徐霊〟〝浄化〟等を行っていると言われ、学校にとやかく言われたくないと、話し合いは決裂してしまいました。

その後、本人への対応中心に、学年や担当教科の教員とともに彼女をサポートする人員を増やし、保健室だけではなく、彼女の居場所を増やすよう、学校での体制を変えていきました。その結果、何とか保健室以外の場所へ行けるようになり、口数も増えていき、授業も出席できるようにはなりました。

しかし、出席のカウントをとってもらえる時間しか教室にいられないことや、教員にだけべったりとくっつく行動は周囲の生徒の反感や不満をあおり、教室ではかなり孤立してしまいました。

卒業後は専門学校進学が決まっています。そこでの生活がどうなるか不安は残ります。本人の希望と、卒業してすぐに社会へ出て馴染むことは無理であろうと、学年・進路指導部も判断をつめる中で進学を決めた苦肉の策ではありますが…。

出会い系サイトで男性とつき合う生徒

入学してきて間もない四月三〇日、M緒とはじめて会いました。休み時間のたびに頭が痛い、気持ちが悪いと訴えて来室し、それ以外はこちらが話しかけても全く答えず、保健室に居座ろうとする生徒でした。じっくり関わる中で、泣いたり怒り出すなど感情が出始め、小学校の五年生から中学三年まで、からだつきが大きいこと、見た目がかわいくないことでいじめられ、不登校になったこと、高校は不本意入学なこと、仮面をつけて友達と接しているので疲れる、家庭が複雑で居場所がないなどが聞き取れるようになりました。

一学期はとにかく受け止め、部活やテストなどで誉めて伸ばすよう、担任や顧問と関わっていき、彼女に笑顔も見られ、一段落ついたかと思われました。しかし、二学期に入ると、夏休み中にM緒がバイトで貯めたお金で買ったPHSで次々とイタズラ電話をして、男性と知り合ってはつきあい、思い通りの反応が相手から返ってこないと泣きわめく、そして別れる…ということを頻繁に繰り返しました。本人はかたくなに、「私の外見でなく、話を聞いて私の心をわかってくれる」と、電話の相手にのめり込んでいきますが、毎回一～二週間ほどのサイクルで、同じことを繰り返していました。

担任や学年団と対応策を考え、動こうとしたのですが、虚言だと決めつけ動いてくれない状態で、保健室で私一人が彼女と向き合う日々が続き、とても辛かったこともありました。何とか教室で授業ができるよう落ち着かせても、周囲の友人や教員が自分の思い通りにならないと「退学届はどこ！」と泣いて教室を飛び出し、大騒ぎして、そのたびに保健室に舞い戻ってくるという連続でした。

体中が痛いと暴れた時があり、親と話すチャンスかと思い、保健室まで来てもらったことがありました。来校した薬剤師の母には「バイタルに異状ないですよね？　この子は精神病だからこんなことで呼ばないでください」と言われ、まったく話し合いが成立しませんでした。

辛うじて補習し、進級した二年生の夏休みには児童相談所に逃げこむこととなりました。M緒が家庭にいる時間が増えると、欠課が多いことや、PHSの使いすぎなどをきっかけに、義理の父親からM緒に対する暴力も次第にひどくなっていったためです。

二学期が始まっても保護者との関係は改善されず、またM緒も自立支援施設に移ろうとせず、登校できない日が二カ月ほど続きました（児童相談所の保護所は〝保護〟目的なので、相談所からの登校は不可能）。ようやく担任が家庭との連絡などに動き始めたのですが、このときにも児童相談所の担当者と私が担任の知らないところで話をしたことに不信感をもたれるなど、担任を立てる必要性（？）も学んだと思います。

それからは児童相談所・担任とともに、保護者と本人とを説得して家庭に居場所をつくってもらい、登校することを目標に話し合いや相談を行いました。そして、M緒が家に帰り、登校し、また男に振り回され、また家で親とぶつかり、児童相談所へ逃げ込む、そしてまた親と本人に説得…という繰り返しをしました。

M緒がこのまま学校と関係が切れると、家庭と児童相談所しか生きる場所がなくなり、ますます社会性を身につけにくくなることが心配され、児童相談所から三年に進級させてほしいと直訴され、彼女は三年生になりました。しかし、周囲の生徒は授業に出ていないのに進級できるM緒に対して、ずるいという気持ちを持ち、加えてM緒のわがままさや、ＰＨＳでの男関係も知っており、「汚い」「むかつく」といじめることがしばしばありました。

家庭でも学校でも居場所がつくれずに、また児童相談所へ逃げるのですが、一八歳になり、婦人相談所に管轄が変わると、児童相談所のように優しくしてもらえないことにM緒は腹を立て、また保健室に泣いてぶつかってくることがありました。

最終的には出席日数がほとんど稼げず、本人の学校への意欲もなくなり、働きたいと、気持ちが変わっていきました。

学校を退学し、寮に移って働き始めました。しかし、そこでもかまってくれる人がいないと言って、寮を飛び出し、バイトに流れていってしまいました。バイト先で知り合う客とつき合っているとか、今度結婚して彼の田舎について行くなど、時折連絡してくることを聞くと、相変わらず男性にしがみついて生きている様子です。

彼女には本当にたくさんの時間関わってきました。私の携帯へ電話してくるので、夜中まで話につき合うこともたびたびありました。しかし結局、今の結果を見ると、養護教諭としてどうしてやればよかったのか、わだかまりを持っています。「学校で」「教員の立場」をこえてあまりにも多くを求められ、必要以上に関わりたくないと思ってしまうことに自責の念も拭いきれません。

㉒ さまよう家族の中で

❖神奈川／高校養護教諭　保田　恵子

子どもにとって家庭は、安心と安全を保障してくれる場所です。また家族に癒しを求めたり、どれだけ自分を支えてくれるのかを必死に確かめようとしています。保健室で日々子どもと接していると、ごく素直に親とのかかわりを求めていることがわかります。きびしい家族の問題を抱えた子どもとかかわった中で、二つの事例をまとめてみました。

大きな赤ちゃんだった洋子

洋子は六歳までは父方の祖母、小学校一年生からは父と二人で暮らしてきた。母親には三歳の時に離別して会ったことがないという。大きな体をした洋子であったが、私が言葉をかけると、満面の喜びをあらわすものの、時には大声で泣くなど、幼児のような言動も見られた。表現力が乏しく、わがままな言動が多いため、友達の中で孤立するようになっていた。

二学期半ば、突然、学校に姿を見せなくなった。保健室にいる私に時どきかかってくる電話から、中学時代の不良グループにひきいれられそうになり外泊等もしているようだった。そんな状況をなんとかしたいと、担任と連携しながら自宅を訪ねたり、本人と会って食事をさせたり、父親に連絡したりと、必死な関わりのなかで、グループからようやく抜けるところまで漕ぎつけた。

再々の連絡でようやく来校した父親は、仕事に追われて、洋子の問題を受けとめる余力をなくしているように思えた。担任と養護教諭の前で「友達親子」と思える会話をしていた洋子が、父親の言葉に突然、「テメー、ウゼーンダヨ！」と片膝立てて啖呵《たんか》をきった。これまで見せてきた洋子とのあまりの違いに茫然としたものの、あわててとりなした。本人の気持ちが不安定で、胸の痛みや眠れないなどの訴えもあったため、専門家のカウンセリングをすすめ、本人、父親も納得したものの、父親は途方にくれた様子であった。

私は、男手ひとつでこれまで洋子を育ててきた父親を励まし、洋子にもそのことを考えさせていった。父親が子育てに自信と希望をもって立ち向かってもらいたいという思いでいっぱいであった。

相談機関へは父親の仕事の都合で、一回目は私が連れて行くことになった。幸い相談員に信頼感を持ち、何度も約束の日を忘れたりしながらも、継続することができた。

欠課時数ギリギリで二年に進級したものの、借りたノートを返さないなどもめごとが多く、社会性の体験も乏しい洋子であったが、約束を守ること、責任を果たす大切さをことあるごとに話していった。六月には腹痛をきっかけにまた欠席がちとなった。担任も手を尽くしてもなかなか応えてもらえず、焦燥感をつのらせていた。洋子に直接電話したことをきっかけに夜一一時になると、私の自宅に電話がかかるようになった。「先生、お腹の痛みがとれない」、涙声もとぎれそうになり、言葉にならない。洋子の淋しさと心細さが、受話器を通して伝わってくるようであった。

その洋子が変化を見せ始めたのは、水泳部への入部がきっかけだった。洋子はその後、急性胃腸炎をわずらい、治療を受けることになったのだが、回復して登校した時、突然、水泳部に入部したのである。洋子はそこで、小さなトラブルを起こしながらも居場所を見つけていったのだった。夏休み明けには真っ黒に日焼けした洋子の顔を見ることができた。さらに三年で部活動引退後は、悩みに共感してくれる後輩部員に出会え、一歩ずつではあるが成長しているように思える。同世代の仲間の支えの中で解決策を自分で見つけていく力をつけたと思う。

子どもは自分のありのままをぶつけ、受け止めてくれる仲間や大人を探している。仲間や大人が自分に向けてくれるエネルギーを実感した時、「自分つくり」に向けて踏み出すことができるのだと、洋子とのかかわりを通して実感している。

先生、甘えてもいいんですか

ミサがはじめて保健室に来たのは、一年生の冬だった。華奢なからだに消え入りそうな声で、「お腹痛くなくても湯たんぽ借りられますか？」と聞いた。湯たんぽを渡し、ストーブの前にすわらせた。

「きのう、学校休んでしまった、ヤバイですよね、顔むくんでいませんか？」「むくんでいないと思うけど、眠れなかったの」と問いかけると、コックリうなずき、大粒の涙をこぼす。奥の椅子にすわらせると、心にためていたものを一気に吐き出すように話し出した。

ミサの両親は、ミサが中学二年生の時に離婚。母に男性関係が生じ、家を出て行ったためである。それ以後、ミサと三歳上の兄は、父親と生活することになった。父は食品関係の会社に勤めていて「人の二倍働いて、今日の自分がある」が口癖で、ことあるごとに「やる気が足りない」と、兄やミサを怒鳴りつけてきたという。兄は、家で、物を殴ったりしていたが、高校を卒業するのを待って、住み込みの仕事を見つけ出て行って帰って来ないとのこと。

私は、これまで頑張ってきたミサを認めて励まし、いつでも何かあった時は話しに来るよう伝えた。

ミサはそれ以後、時どき「ベッドで休ませてほしい」と来室し、頭からフトンをかぶって休むことが多くなっていった。他の生徒がいなくなると起きてきて、心に押し込めているものを話す。時には、私の時間の空いていそうな四時過ぎに、家から電話をかけてきて話すこともあった。

私は、ミサが来た時には、彼女が自分の思いを語れるような雰囲気づくりをしようと思った。

「きのうの日曜日、外から帰ると、父が私の引き出しを調べていて、あわてて出て行くのが見えたんです。お母さんが出て行ったのも、お母さんだけが悪いんじゃない。このあいだ茶碗を割ってしまった時も、お父さんは何でも皮肉っぽく言うし、ご飯つくっても『冷凍食品ばかり、こんなもん食えるか』って言うし、帰るのが怖い時もあるんです」

「お母さんとは連絡とるの?」と尋ねると、「携帯電話で連絡とったり、たまに会ったりしているけど、お父さんに遠慮してコソコソしている。悪いことしてないんだから、普通に会わせてほしい。お母さんも『わたしがいない分、お父さんの嫌み、ミサちゃんに言ってしまって』と謝るんだけど、うちもひねくれちゃってるから『学校行くの、面倒くさい』と言ってしまう。そうすると『情けない』って泣くんだけど、お母さんには今のおじさんがいるし、お父さんと離れてもひとりでは生きていけない。多分、こんなの甘えだと思うけど、お父さんが一週間に一度でいいから『これからは気をつけろよ』と言ってくれるといいんだけどなあ」と言う。

思わず、「ミサちゃん、そのことをお父さんに言おうよ。もっともっとお父さんにも、お母さんにも甘えていいんだよ」と言うと、「先生、本当に甘えていいんですか？」と、ミサは何度も聞き返してきた。「本当に甘えていいんだよ」と、私は思わずミサを抱きしめ、繰り返し言った。

ミサを見ていると、自分への評価が低く、自分は愛されるに値しない人間だと思い込んでいるのではないかとさえ思える。家族の問題を解決するために子どもがとる行動は、反抗や非行ではなく、「内にこもる」形もあるのだと、ミサを見ていて考えさせられる日々だった。

ミサの両親を批判することは簡単である。しかし、親もどうしようもないこともあるのだと思う。子どもが安心して話し、受け止めてもらえる実感を持ち、自然な形で寄り添う大人のあたたかい対応が、彼女らの成長を促すのだと心から思う。

ミサは、保健室に慣れるにつれ、保健室に来ている他の生徒とも仲良くなり、少しずつ元気になっていった。欠席も少なくなり、自分の意見もはっきり言えるようになった。自立にむけた一歩を歩み始めたと、ミサの笑顔が語りかけている。

第7章

保健委員たち、文化祭で頑張る！

※転勤してはじめての学校で取り組んだ「食品添加物」

※「ゴミとリサイクル」を考える　※総力あげ、今年のテーマは「ドリンク」

㉓ 転勤してはじめての学校で取り組んだ「食品添加物」

❖神奈川／高校養護教諭　長島　理澄

委員長決めはどうなるかと心配して迎えた一回目の保健委員会は、本校ではそのころ珍しくピアスをしたM君の立候補で始まった。ところが生徒名簿にM君の名前がない。M君はいったい誰なのだろうか？　思い切って彼に聞いてみると、Mという姓は、母親の旧姓であることがわかった。一緒に生活していない父親と、不在ばかりの母親のもとで、学校へあまり顔を出さないM君を委員長に、保健委員会はスタートした。

転勤して三カ月近くたった頃、生徒の覇気のなさが気にかかった。前任校での文化祭参加で見せた生徒のパワーを、ここでも引き出せないだろうかと考えているうちに参加団体の申し込み期限が迫ってきた。

委員長がしっかりやらなければ参加は無理だと思い呼んで話をしてみた。思いがけず「やろう!」

慣れない手つきで真剣に実験に取り組む一年男子たち。

という言葉が返ってきた。早急に委員会を開き、文化祭参加への話をしたが、おおかたの生徒は「今までやってなかったのに…なんで?」と不満そうだった。「まあ、とにかくやってみよう」と半ば強引に、教師主導型の文化祭参加を決めた。

七月の期末試験終了後からテーマ決めにかかった。保健委員は立候補で決まった生徒もいれば、じゃんけんやくじ引きで決まった生徒もいて、必ずしもやる気をもって集まった者ばかりではない。テーマを決めるにあたっても、誰かが何かを言うと「それそれ、いいんじゃない」と人任せなので、いくつかあがったテーマの中から、私自身が指導しやすい「食品添加物」にすることを実行委員会へ提案し、決定した。

❖

夏休み直前にテーマを発表し、夏休みを利用してそれぞれで取り組んでくるよう宿題を出した。

二学期が始まってから実行委員で原案を作成、ようやく全員の係り分担（「発色剤・着色料検出実験班」「保存料〈ソルビン酸〉検出実験班」「糖度実験班」「研究班〈冊子づくり含む〉」「会場飾り付け班」）が決まった。

ちょうどその頃、二年の家庭科でも食品添加物について取り組んでいたこともあり、家庭科のN先生に協力を依頼した。発色剤・着色料の実験班は三年女子が担当だったが、はじめのうちは不満気だったのに、毛糸が染まる様子に「こんなになっちゃうの！」と興味を見せはじめた。

糖度の実験は三年男子が担当で、実際に生徒がよく飲んでいる五種類の飲み物を調べた。糖度計で測った結果をみて、ワイワイガヤガヤ。甘さは、冷えたり炭酸が入っていると感じにくいということが確認できた。

保存料（ソルビン酸）の検出実験では、実習教員のS先生へ協力依頼。かまぼこやさきいか等、表示にソルビン酸と書かれているものについて数種類実験で確認した。ウインナーはそのままの状態のものと、ボイルした水、ボイルした後のウインナー、無添加ウインナーについて調べた結果、ボイルすることによって保存料を少なくすることがわかった。さらに、無添加表示のウインナーからなぜかソルビン酸が検出され、表示に疑問が残った。

研究班は、食品添加物とは何か、少しでも添加物を少なくできるか調べ、模造紙に書き込む作業を分担していった。また、資料の中の「不安な添加物の一覧表」を来校者へ配布したいので、いっそのこと保健委員会の宣伝をかねて冊子をつくることにした。普通の冊子ではつまらないので、漫画（次ページに紹介）でつくることにした。すると、漫画の得意な強力な助っ人たちが保健室へ集まってきた。昼休み、放課後と作業をしていくうちに、生徒たちは学年を越えてクラスでも部活でもない、普段とは違った生徒同士の関係を広げていった。

❖

転勤して初めて取り組んだ文化祭も、保健委員のがんばりとたくさんの人の知恵と手を借り、発表までこぎつけた。しかし、なんと台風の直撃を受け、一日目はやむなく中止、二日目も来校者が少ないまま終わってしまった。積み残った冊子を前に誰からともなく、「仕方がない」と言葉が出た。多くの人に来てもらえなかったのは残念だったが、「お疲れさま」「ご苦労さま」と声をかけあい、片づける姿には満足感が読みとれ、取り組む中で得たものの大きさを感じた。

教師主導型で始めた文化祭から六年経った現在、生徒の様子は様変わりしたが、大変なエネルギーを要するにも関わらず、毎年文化祭参加は続いている。しかも同じ生徒が翌年数人集まり、中心になって活動している様子を見ると、委員会としての文化祭参加を、「生徒の力を発揮できる場」の一つとして、今後も生徒と一緒に楽しみながら継続していきたいと思う。

※保健委員たちが作った冊子『Nothing 添加物 in 久里浜』。マンガと〝不安な添加物一覧表〟で構成されている。

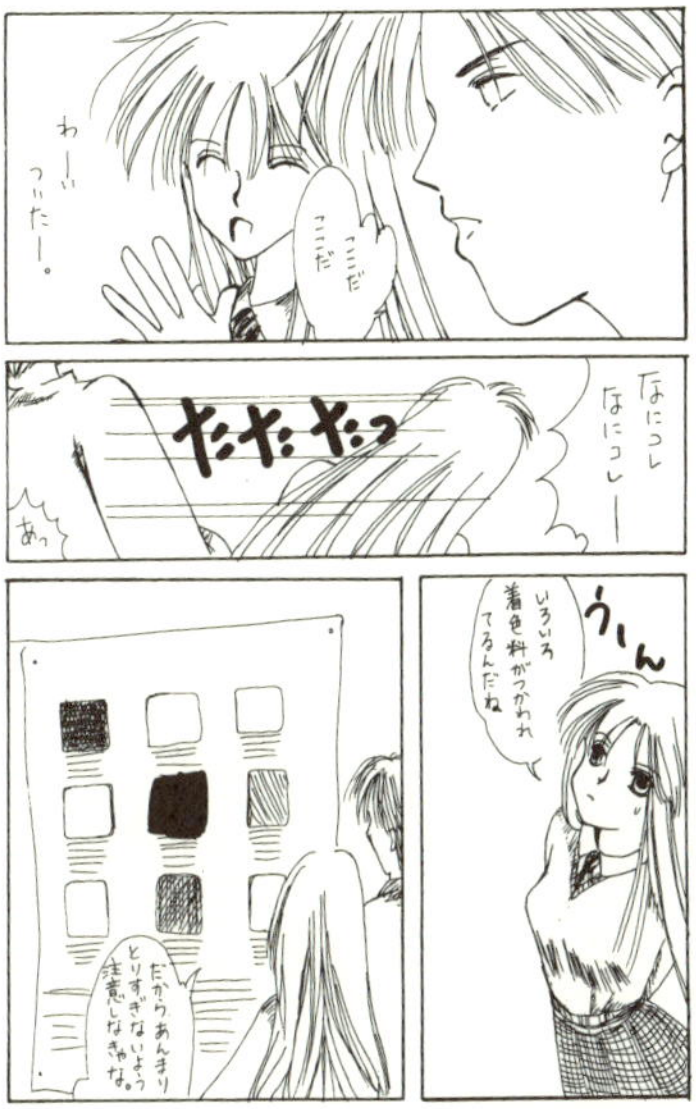

-END-

編集後記

■こんにちは。めそです。
1ページあまったので、編集後記書きます。今回添加物について描いたけど、どう?
OKだよ。でも何星か私がかいてく合言わるトでかいたよね。(杉本佳美♡)

★いーじゃんいーじゃん。全はオッケティング(O.K!)なんかおもしろかったよね。(里見潤)
私1人だけ名前マトモです。

■1だけマジメぶってんだな。(怒られるぅー0)
すごい合作だけど、楽しかったねぇ~。
添加物ってこわいよねぇ~?
でも食べちゃうけどさ。
じゃあ私はこの辺で♡ にげる。

★にげる～!? 杉本さんっ!!
待ってェ～!! しっかしこわいよね～添加物。虫とか使ってんでしょ!!

■そうですね。杉本さんなんか逃げましたね0……いや…そうではなくて虫、入ってますねぇ～。ハムとか赤くそめるのに、使ってると聞きました。

㊍こんちゃっす。私は誰でしょう。んでもって、添加物っていっても色々あるよね。

★杉本健 本トににげたな…0
かわりに入ったのは誰だ!?
しかし、食べ物食べれなくなっちゃうよね。虫とか言われるとさ。ハムとか好きなんだけどなあ。ふぅう。

■本当ですね。そういう事聞くと食べれなくなりますね。でも、おいしいんですよ～0どうすれば良いでしょう?

㊍でも生協って、一応平気じゃん? なるべく生協で買えばいーじゃん?(なんかじゃんが多い0)
でも生協カレーはまずい!
でもサラダせんべいは旨い。
もっと味よくしてほしいよね。

★生協はよくわからないなあ。うちはヨコカンなの。ヨコサンは新鮮生活だよ。アメがおいしいんだよ。カロリー低いし。なんかさあ、体の中に害あると思うとうげーってカンジだよね。しかし、いちいち添加物気にしてらんないよね。毎日気にしてたら死にそうだよ。

■たしかに、気にしないけど…(オイオイ0)
このまま気にしないと、本当にあぶないと思います。
ウチも、ほとんど食べ物は生協です。体には良いんだけどね…0
体に良い、しかも、おいしい食べ物ってないのかしら…?

㊍それでは終りに近づいてきたようですので オワリでーす。
みんな添加物には気をつけましょう。
それでわ さよーなら。

by コンビニウィッス。
私(㊍)はただの客ね(笑)。

◆保健委員たちと取り組んできた文化祭

年度	テーマ
一九八三年度	薬を使わない食べ物健康法
一九八四年度	毛髪について
一九八五年度	たばこの害について
一九八七年度	ヘルスクラブ保健部
一九八八年度	なぞの人体トンネル——食べ物の旅
一九八九年度	ゲームとクイズに挑戦
一九九一年度	タバコの害
一九九二年度	アルコールについて
一九九三年度	食べ物を見直してみませんか
一九九四年度	Sleep & Health
一九九五年度	大楠高生の生活実態について
一九九六年度	食品添加物について
一九九七年度	からだの不思議について
一九九八年度	久里浜高校生食生活の実態について
一九九九年度	ハーブティとクッキー
二〇〇〇年度	あなたの未来の生活習慣病の危険度
二〇〇一年度	リラクゼーションしませんか

▲1983～95年度までが前任校での取り組み。1996～2001年度までが現在の高校での取り組み。

24 「ゴミとリサイクル」を考える

❖神奈川／高校養護教諭
永井　節子

保健委員会では、毎年最初の委員会会合で、文化祭の研究テーマについてアンケート調査をして決めています。しかし、今年のテーマは、保健の授業で水の循環について感銘を受けたという委員長の強い推薦で「ゴミとリサイクル」に決定しました。

それから毎週水曜日の昼休みに、研究班の生徒がお弁当を持って保健室に集まり、「リサイクルとは」「有害なダイオキシン」「ゴミ処理の現状」「リサイクルマークについて」の小班に分かれ、資料集めに取りかかりました。

学校図書館の好意でゴミ・リサイクル関係の図書を長期貸し出しにしてもらったほか、保健委員も地区の図書館からいろいろ借りてきました。その中で、ミミズによる生ゴミリサイクルというのがありました。コンポストのプランター版といった「ガボックス」は、会社のご厚意で半額にしてもらえました。生徒会の予算で購入した「ガボックス」が到着した日、三〇〇匹のミミズを遠巻きに見る生徒や、珍しそうにかき混ぜ棒でさわってみる生徒など反応はいろいろでした。

取扱説明書にあったとおり、いろいろなクズ野菜・果物の皮をミキサーにかけ、餌として与えていました。ある日、メロンの皮をいつものようにミキサーにかけ与えたところ、翌日には約一〇〇匹が白っぽくなって固まって死んでいました。

「あーっ、こんなに死んじゃっている！」

「メロンに農薬がかかっていたんだ！」

覗きに来た生徒たちは大騒ぎでした。三分の二に減ってしまったミミズたち。リサイクルを考える研究は、ひょんなことから自分たちの口にするものについても考えさせてくれました。その後、ミミズは夏休み中も委員長が登校してきて餌を与え、子どもも増え、元気に文化祭を迎えることができました。

一方、夏休みに入ってすぐに、「エコライフ神奈川」というリサイクル施設へ見学に行って来ました。施設の前には分別して出せる回収ボックスがあったり、中にはリサイクル商品の展示や牛乳パックからの紙すき体験ができるようになっていました。参加した生徒たちは職員の方から丁寧な説明を受け、楽しく実習をすることができました。

二学期に入ってから「いつも生徒への意識調査をしていたよね」ということになり、急きょ

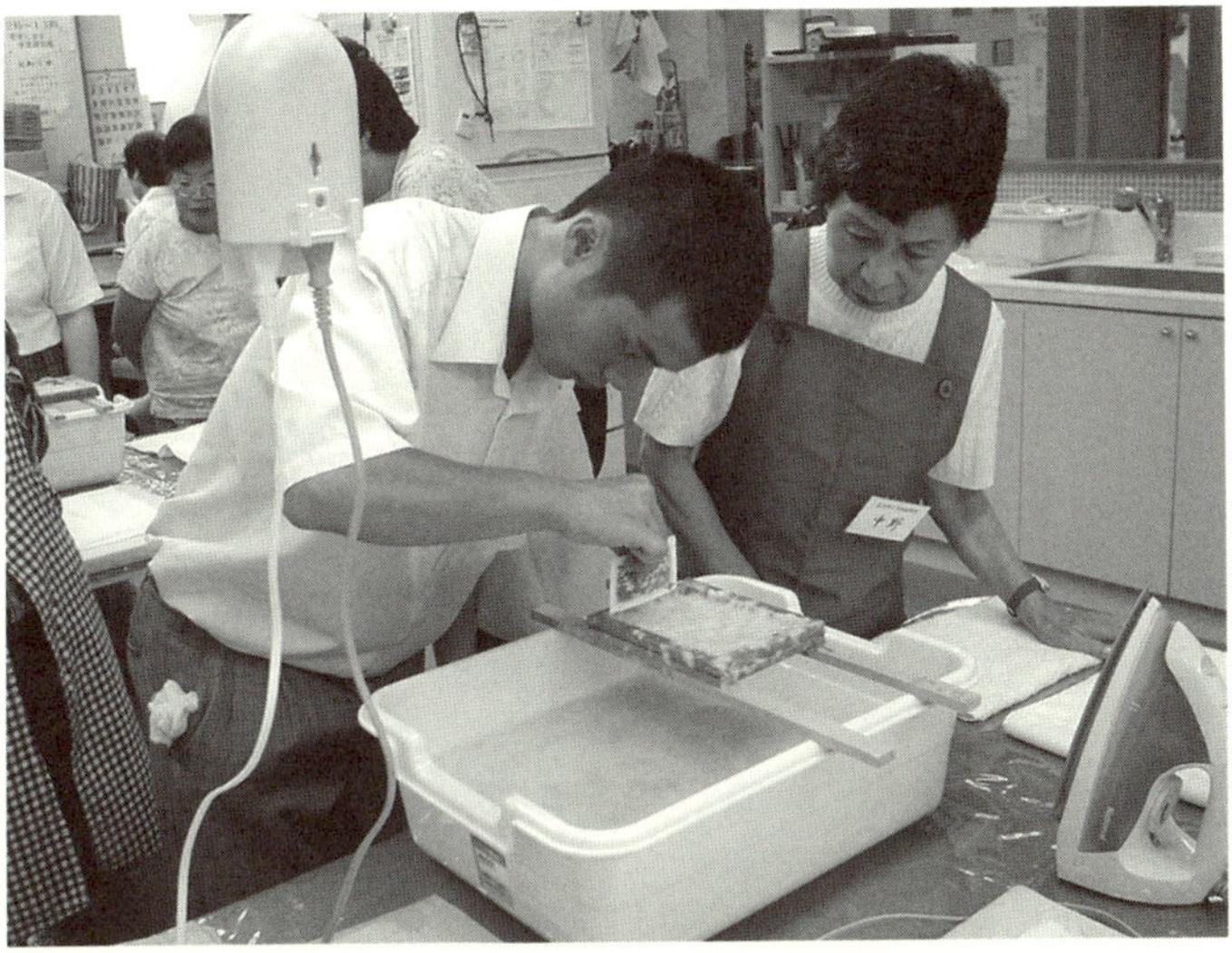

「エコライフ神奈川」での紙すき実習。

「ごみ・リサイクルについてのアンケート」を、各学年三クラスに実施しました。その中で、校内のゴミ箱（燃えるゴミ、燃えないゴミ用）の分別がはっきりしないという意見が出てきて、表示をはっきりつけようということになりました。「アキカン用」はすぐにシンボルマークも決まったのですが、「燃えるゴミ用」はなかなか良い案がなくて困っていたところ、見学で行った武蔵工業大学環境情報学科の校内で見つけた「分ければ資源・混ぜればゴミ」の標語が気に入り、早速使わせてもらいました。

文化祭の準備の日、表示の用紙と図書室で紹介してもらったブックカバーを持った生徒たちが校内に散って、ゴミ箱への張り付け作業をしました。アルバイトや部活等で忙しい生徒たちでしたが、時間のやりくりをつけながら、プラスチック表示番号ごとに実際の物を集めてきたり、学区内の大手スーパー

文化祭での展示風景。

でのリサイクル実施状況を調べたり、楽しくクイズに答えてもらう工夫をしていました。

一一月二日の文化祭前日、遅くまで制作にかかり、完成できたときには、委員長が「間に合って良かった」と感想をもらしていました。

今回は地域密着型の研究ということだったので、ふだんアルバイトをしているお店が、どれだけゴミ問題に関心があるのかということがわかったり、ダイオキシンが問題になったせいか、どうしてもプラスチック表示3番の現物が見つからないとやきもきしたり、ホッとしたり、生徒もいろいろ考えることの多い研究だったようです。

25

総力あげ、今年のテーマは「ドリンク」

❖神奈川／高校養護教諭

杉本　京子

五月の後半から六月にかけて、昼休みの保健室は一挙に活気づく。新年度の執行部六人が弁当を持って集まり、テーマを決めるのである。ダイエット、ペットボトル、リサイクル、携帯電話…、話し合いを重ねる中で、ダイエットにもリサイクルにも関連があり、生徒に身近な課題「飲み物」が二〇〇〇年度文化祭のテーマに決定した。

中身班、外身班、実態調査班に分かれて取り組むことになった。班をどう分けるか、おおむね何をするか…、顧問も参加して連日の集まりになる。執行部の忍耐が試される時であると同時に、生徒同士の関係が密になり、委員としての責任感も生まれるように思う。

選択授業が増える三年生を除き、一、二年二七人が希望に添って班に所属する。各班に散らばった執行部と一緒にその後の取り組みを話し合う。今回は、学習のはじめにできるだけ多くの人が横浜市消費者センターに行くことになった。一一名が名乗り出た。

中身班では消費者センターの見学で、実験の指導者を無料で派遣してくれることを知った。夏休みの始まる前日、実験室に早変わりした保健室では、果物、饅頭、ケーキ等を分担して持ち寄り、砂糖の濃度を調べた。講師の連絡、実験の準備、結果の集約、当日の運営など、すべて自分たちで進めていく。講師の連絡に胸がどきどきして、なかなか電話がかけられなかったり、言葉足らずで日程が上手く伝わらず、夏休みの直前になったりというハプニングも生まれたが、球技大会の午後、対象者全員が時間内に集合した。飲み物では砂糖の量がしばしば問題になるが、砂糖は本当に体に悪いのか、学校の近くにある精糖工場の見学では、砂糖の精製過程や、砂糖の種類、砂糖の効用についても学習した。

外身班は主にリサイクルを研究した。ペットボトルリサイクル情報センターのパンフレットを手がかりに、ペットボトルからできた制服の説明会を開いたり、その他資生堂、三菱商事、大阪の袋物扱い店からリサイクル商品を借用した。

実態班は本校生の飲物の量や種類、自分たちが小学校五年生の時の飲み物選択基準と、高校生になってからの変化、飲み物に使うお金、飲んだ後のゴミの捨て方などを調査した。また大企業一〇社にアンケートを送り、人気商品は何か、企業としてリサイクルにどう取り組んでいるか、リサイクルで一番困っていることは何かなど、一二項目について質問した。合わせて「文化祭当

空き缶でつくったドラえもん。丸みを出すのに苦労した。

日、クイズの正解者に渡す景品として、もし、よろしければ貴社の飲みものをご提供ください」とチャッカリ一行書き加えてある。一社から二〇〇本の飲みものが送られてきた。企業からはありきたりの返答もあったが、真面目に、空欄いっぱいに書いてくれたものもあった。

❖

さて研究の後は、文化祭に向けてどう多くの人に来てもらうか！　保健委員会ではここ数年、研究活動と同じくらいの力で、当日の「物作り」を考えることにしている。最初は地味な委員会のイメージを変えることが狙いであったが、続けるうちに、集団で「キャラクター作り」に向かうそのこと自体がそれぞれの個性や特技を引きだし、楽しい取り組みになることがわかった。今年は空き缶で作るドラえもんに挑戦した。

ドラえもんの丸みが出せず担当者は焦ったが、髭と鈴を付けるとそれらしくなった。真っ暗になった教室から歓声が上る。空き缶五〇〇個を使ったドラえもんが完成した瞬間である。

当日はドラえもんに迎えられて、たくさんの見学者が会場に訪れた。砂糖の実験、ペットボトル製品の展示、本校生の実態、クイズに答える、自分の飲み物傾向分析、三カ月間のTVコマーシャルの収録をビデオで流した。模造紙の展示はできるだけ控えるように工夫したが、それでも三二枚分になった。賑やかな会場風景であった。

合わせてこの年は、研究収録集の作成に三年生の応援を頼んだ。文化祭三日前、まるで工場のようになった会議室で三年生は三〇〇部の冊子を作り、一、二年生はできたての冊子で一斉学習をした。研究と文化祭準備で手いっぱい、直前の冊子作りは単純作業とはいえ、負担は大きかった。しかしこうした分担ならば十分できる。三年生も久しぶりの委員会招集が力仕事とあって一瞬ギョッとしていたが、結構楽しんで後輩のために一役かってくれた。

そして今年のテーマは「睡眠を考える」。文化祭直前に三年生の呼び出しをすると、「あれでしょう!」、覚えていた生徒がいて、三年生同士手際よく分担し、二年目の今年は、あっという間に立派な冊子（B5判44ページ）ができ上がったのでした。

この10年、保健委員会の文化祭取り組み

・一九九二年度――「高校生のお洒落」。お洒落度調査。制服是か非か、討論に参加。
・一九九三年度――ディベート「エイズを考える」。教室に千羽の折り鶴を飾る。
・一九九四年度――ディベート「結婚しても仕事を続けるか否か」。
・一九九五年度――「世界のお茶と健康・パオの中でモンゴル茶を飲もう」。教室いっぱいにパオを作って世界のお茶紹介。
・一九九六年度――ディベート「再びエイズを考える」。エイズ写真展「土橋正之」。
・一九九七年度――「日焼けと紫外線」。被害班、原因班、対策班。この年から資料集作成。キャラクターは、皮膚の色が違う五体の人形を作る。日焼け予防グッズ展示、オーストラリア政府の日焼け予防パネル展示。
・一九九八年度――「環境ホルモン」。被害班、原因班、対策班。キャラクターは女子高校生人形。身近な環境ホルモン含有物展示。
・一九九九年度――「福祉について―高齢化社会の仕組み」。高校生は高齢をどう考える、世界の介護保健制度、シニア体験、介護用品の展示、キャラクターはドラゴンボールの悟空。
・二〇〇〇年度――「ドリンク」。キャラクターはドラえもん。
・二〇〇一年度――「睡眠を考える・やすらぎの館」。実態調査班、睡眠について調べる班、安眠のための工夫班。キャラクターは居眠り人形。居眠り写真館、40個の枕作り、世界の枕、ピロフィッターで一番寝心地の良い枕を診断。

あとがき

神奈川県の高校養護教諭サークル「がくあじさい」は、二、三年の準備期間をへて、一九八一年七月に発足しました。当時は、首都圏への人口集中と高校進学率の上昇に学校増設が追いつかず、多くの学校が一学年一二学級、一六〇〇人近い生徒を抱え、さまざまな問題に直面していました。保健室は生徒をさばく（？）のに追われ、生徒の問題を他の先生方に投げかけたり、個別指導や集団指導についてじっくり考える余裕もない状態でした。なんとかしなければならない、その焦りとともに、誰かに話したい、少しでも教育と言える仕事がしたい、そのためには自分たちで学習する場所と時間をつくらなければならない、その必要性を強く感じたのです。

最初の集まりの席上、卒業したての若い養護教諭は、「保健室で何かやらなくっちゃとは思うのだけれども、雪崩のように押し寄せてくる生徒を〝敵〟に感じてしまう。そんな自分に自己嫌悪してしまう」と話しました。

第一回目は、「養護教諭の仕事の教育性について」一橋大学の藤田和也先生の講演でした。その時の会場校の校庭には、がくあじさいの花がいっぱ咲いていました。サークル「がくあじさい」の名前はそのとき決まったのです。

サークルを継続するためには、例会は絶対飛ばさない、そこに行けば必ず人がいることが大事だと、「子どものからだと心・全国研究会議」を主宰される、日本体育大学の正木健雄先生から教わりました。

「資料を見てください」、真面目くさって二人だけで例会を開いたこともありましたが、次の会は一六人というように、凹凸はあっても、参加者数は毎回十数名に落ち着いていきました。スタートの頃は二カ月に一回の集まりだったのですが、神奈川で養護教諭サークルの全国集会を開くことになり、それを機会に月一回の例会が定着しました。例会のあとは、手作りの機関紙『がくあじさい』を全員に届けることにしました。

例会のテーマは、そのつど問題になっていることを取り上げたり、養護教諭が困っていること、関心があること、またささやかでもよい、自分が取り組んだ実践を検討してきました。ダイエットが問題になってきた頃は「貧血指導の実践」を取り上げ、集団献血に問題があるのではないかということで日赤から講師を呼び、「高校生の献血」について学びました。これは、子どもの健康を第一に考える献血のあり方について、多くの養護教諭が現状を見直すきっかけになったと思います。

一九九三年、ＨＩＶをはじめとする感染症が話題になった頃には、都立駒込病院から講師を招き、感染症についての講演会を開きました。広く会員以外の方にも呼びかけ、注意や対応について話し合い、そのことが歯鏡や鼻鏡の消毒を業者依託にするさいの自信になったと思います。

心に問題を持つ生徒の増加とともに、精神科の医師の話を聞いたり、さまざまな事例の検討もしました。レポーターは「がくあじさい」の会員に限らず、広く実践を聞こうと、会員以外の方にも来てもらい、学習の機会にしました。

サークルのもう一つの特徴は、運営はみんなでする、参加して学習するだけでなく、自身が組織者になるということでした。これまで二一年間の歩みは、多くの仲間の中で揺らぎながら、無理なくというのがぴったりのように思います。

一九九〇年からは、子どものことを書いてみよう、そして仲間内だけでなく、できるだけ多くの人の意見も聞いてみようと、ミニレポート集『がくあじさい』を発行し始めました。最初は手書きの、素人っぽい出来映えでしたが、それでも自分の実践を書く作業はいつもと違う緊張感がありました。

それからほぼ隔年に一冊、最近はそれぞれがワープロやパソコンで仕上げた原稿を綴って仕上げるもので、大きさはB5判一〇〇ページ前後、二〇〇一年三月発行の号で六号目となり、投稿人数も延べ一二〇名を越えました。

私たち養護教諭にとって、原稿を書く作業は決して得意とはいえず、編集担当者は集まらない原稿に悩み、一人一人に催促の電話をしてやっと完成するのが常でした。しかし六冊分を読み返すと、社会の変動の中で、子どもたちの実態・変化が改めて浮かび上がってくるように思います。

そんな手作りの実践集に目を止めてくれたのが、高文研編集部の金子さとみさんでした。保健室からの証言として、ぜひ一冊の本にして、もっと多くの人に知ってもらう必要があるのではないかと励ましの言葉をいただきました。

そこで、一九九四年発行の第三号から、二〇〇一年発行の第六号までのレポート集に収められたものの中から、こどもの姿が見えるものを第一次候補として選び、さらに会員に呼びかけて新たな実践記録を応募してもらい、双方を合わせて原稿を完成しました。

さらに、ここ数年、子どもの心の問題が養護教諭の仕事として多くなっているのではないかという実感から、精神科の医師・池田信之先生に加わっていただいて座談会を持ちました。

「保健室へ来る生徒はカナリアだ」と言った人がいます。かつて炭坑の坑内にはカナリアの籠が持ち込まれていたそうです。カナリアは有毒ガスの発生をいちはやく察知し、危険を知らせるからです。

としたら、私たちがここにレポートした子どもたちの実態・その訴えは、何を大人社会に知らせようとしているのだろうか？　そんなことを頭の隅に置きながら作ったこの本が、多くの関係者の手に渡ってくれることを願わずにはおれません。

末尾になりましたが、いつも私たちのささやかな活動に目を向け、エールを惜しまない高文研、読みにくい冊子に目を通し、子どもの記録を「風景」として書くのではなく、養護教諭がどんな思いを持ったのか、書き込みをねばり強く待ってくださった金子さんに心より御礼を申し上げます。

二〇〇二年三月

神奈川高校養護教諭サークル「がくあじさい」代表

末　まり子

神奈川高校養護教諭サークル「がくあじさい」

1981年７月発足。神奈川の高等学校に勤める養護教諭の自主的な勉強会。月一回の例会と、そのつど機関紙『がくあじさい』を発行。会員は現在約60人。生徒の健康問題や保健室の教育活動について実践を交流したり、講師を招いての学習活動を続けている。

保健室は今日も大にぎわい

●二〇〇二年　四　月一〇日――第一刷発行
●二〇〇三年一〇月　一　日――第三刷発行

編著者／神奈川高校養護教諭サークル

発行所／株式会社 高 文 研
東京都千代田区猿楽町二－一－八
三恵ビル（〒一〇一＝〇〇六四）
電話　03＝3295＝3415
振替　00160＝6＝18956
http://www.koubunken.co.jp

組版／高文研電算室
ＤＴＰソフト／パーソナル編集長 for Win
印刷・製本／精文堂印刷株式会社

★万一、乱丁・落丁があったときは、送料当方負担でお取りかえいたします。

ISBN4-87498-278-6　C0037